国家自然科学基金青年科学基金项目：

风险投资、企业生产率与股价信息质量（项目号：71802144）资助

冯慧群◎著

风险投资、企业生产率
与股价信息质量

Venture Capital, Enterprise Productivity
and Stock Price Informativeness

中国财经出版传媒集团

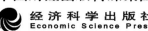

经济科学出版社

Economic Science Press

图书在版编目（CIP）数据

风险投资、企业生产率与股价信息质量/冯慧群著.
－－北京：经济科学出版社，2023.2
ISBN 978－7－5218－4584－6

Ⅰ.①风…　Ⅱ.①冯…　Ⅲ.①上市公司－企业管理－
风险投资－研究－中国②上市公司－企业管理－全要素生
产率－研究－中国③上市公司－股票价格－研究－中国
Ⅳ.①F279.246②F832.51

中国国家版本馆 CIP 数据核字（2023）第 036376 号

责任编辑：杜　鹏　武献杰
责任校对：刘　娅
责任印制：邱　天

风险投资、企业生产率与股价信息质量
冯慧群　著
经济科学出版社出版、发行　新华书店经销
社址：北京市海淀区阜成路甲 28 号　邮编：100142
编辑部电话：010-88191441　发行部电话：010-88191522
网址：www. esp. com. cn
电子邮箱：esp@ esp. com. cn
天猫网店：经济科学出版社旗舰店
网址：http://jjkxcbs. tmall. com
固安华明印业有限公司印装
710×1000　16 开　12 印张　180000 字
2023 年 2 月第 1 版　2023 年 2 月第 1 次印刷
ISBN 978－7－5218－4584－6　定价：69.00 元
（图书出现印装问题，本社负责调换。电话：010－88191545）
（版权所有　侵权必究　打击盗版　举报热线：010－88191661
QQ：2242791300　营销中心电话：010－88191537
电子邮箱：dbts@ esp. com. cn）

前　　言

本书依托于国家自然科学基金青年科学基金项目（项目号：71802144），主要研究风险投资、企业生产率与股价信息质量之间的内在关系，以及这种关系形成及演化的理论机理。一直以来，企业生产率与股价信息质量关系到宏观经济的增长和资本市场的有效运行，是学术界和实践界关注和研究的重点。本书创新性地从风险投资入手，分析风险投资持股及其增值服务是否能够对上市公司的要素投入—产出效率以及总体生产效率产生影响，并分析这种影响是技术驱动、资本驱动还是劳动驱动。进一步地，本书探索风险投资持股是否能够增强上市公司与资本市场的信息传递效率，即提高股价信息质量，并分析宏观、中观和微观因素在其中的作用。本书的结论一方面可以揭示风险投资的有效性，识别风险投资的高收益是来自增值行为还是选择行为；另一方面也可以挖掘风险投资在培育高质量企业和有效市场中的作用，丰富和拓展风险投资研究的范式和视角。

天津财经大学

冯慧群

2023 年 2 月

目　　录

第 1 章
导论

1.1　研究背景及问题的提出

风险投资（venture capital，VC）是 20 世纪以来全球金融领域最具影响力的创新之一，由于新兴的投资方式和丰厚的投资回报，其在全球资本市场迅速发展，投资额从 1978 年的 2.18 亿美元（Gompers，1996）扩大到 2016 年的 1 270 亿美元①，许多世界知名的公司，如 Amazon、Apple、Facebook、Google、Microsoft 以及中国的阿里巴巴、百度、搜狐等都有风险投资的介入。据 CVSource 数据库统计显示，我国 2016 年全年披露风险投资金额为 449.01 亿美元，是 2006 年的 12 倍。如此迅猛的发展态势，使风险投资在资本市场上的地位愈加重要，也引起了学术界和实践界的广泛关注。

已有研究发现，无论是风险投资机构（Kaplan and Schoar，2005），还是风险投资参与的公司（Gompers et al.，2010），均能取得持续的高收益。但是这种高收益究竟来源于风险投资的"增值行为（value-added）"还是"选择行为（selection）"呢？学术界一直存在争论。"效率观"认为，风险投资为了追求长期收益，有动机培育高价值公司，会对介入公司（portfolio company）提供增值服务，并进行公司治理，从而优化其生产过程，提高其生产效率，还会发挥"积极股东"的特性，监督经理层，降低代理成本，完善信息披露质量，增强介入公司与资本市场的信息传递效率（Megginson and Weiss，1991；Hellmann and Puri，2002；吴超鹏等，2012；Gompers et al.，2021），即在效率观下，风险投资是通过增值行为来实现投资绩效最大化。与此相反，"逐名观"认为，风险投资为了

---

① 数据来源于 CB Insights 和 KPMG（毕马威）联合发布的《2016 年全球风险投资分析报告》。

快速积累资本，建立声誉，有动机选择"有前途（promising）"的公司进行投资，以便在短期内能退出并获得高额回报（Gompers，1996；Lee and Wahal，2004；Sorensen，2007；蔡宁，2015），即在逐名观下，风险投资的高收益来源于选择行为。那么，在我国资本市场条件下，风险投资是如何影响微观企业的生产效率和信息传递效率的呢？哪一种行为占据主导作用呢？本书试图给出合理的理论分析和经验证据。

近年来，我国资本市场日益成熟，IPO 重启，创业板、新三板连续推出，并购市场不断扩大，这些均为风险投资发展创造了良好的现实条件。根据 Wind 数据库统计显示，2006 ~ 2016 年我国 A 股市场实现 IPO 的公司中，48.81% 有风险投资的参与（历年数据见表 1 - 1）。由于禁售期的存在，这些风险投资不能在 IPO 后立即退出，而且罗炜等（2017）也发现，仅有 23.97% 的风险投资在禁售期后减持股份，大部分风险投资在介入公司上市多年后仍然持有股份。那么，这些留下的风险投资会对上市公司产生什么影响？他们在上市公司中是遵循效率观，主动提供增值服务以增加公司价值呢？还是遵循逐名观，被动等待公司股价在牛市中被同涨效应带动而提升呢？现有文献对此关注较少，需要深入研究。

表 1 - 1　　　　2006 ~ 2019 年中国 A 股市场 VC 持股的 IPO 公司统计

Panel A 按年份统计		
年份	IPO 公司数量（家）	VC 持股的 IPO 公司数量（家）	VC 持股的 IPO 公司占当年 IPO 公司比例（%）
2006	66	11	16.67
2007	126	35	27.78
2008	77	24	31.69
2009	99	51	51.52
2010	349	153	43.84
2011	282	146	51.77
2012	155	86	55.48
2014	125	76	60.80
2015	223	140	62.78
2016	227	122	53.74

续表

Panel A 按年份统计		
年份	IPO 公司数量（家）	VC 持股的 IPO 公司数量（家）	VC 持股的 IPO 公司占当年 IPO 公司比例（%）
2017	436	254	58.26
2018	103	55	53.39
2019	120	73	60.83
总计	2 388	1 226	51.34

Panel B 按板块统计		
板块	VC 持股的 IPO 公司数量（家）	占全部 VC 持股的 IPO 公司比例（%）
上海主板	349	28.46
深圳创业板	492	40.13
深圳中小企业板	385	31.41
总计	1 226	100

资料来源：Wind 数据库。由于 2013 年国家暂停 IPO，所以无此年数据。数据统计不包括科创板。

经济增长是一个国家长治久安、持续发展的根本，而风险投资作为多层次资本市场的重要参与者，常被誉为"经济增长的发动机"（钱苹和张帷，2007）。经济增长基本理论认为，技术、资本和劳动是经济增长最重要的源泉，即：$Y = A \times f(K, L)$，A 表示技术，K 表示资本，L 表示劳动[1]（杨汝岱，2015）。其反映在微观层面，就是如何优化这三种资源，以达到企业生产率最优化。那么，在上市公司中，风险投资的存在是否会影响技术、资本和劳动的利用效率，进而影响生产率呢？以往的学者较少涉及，他们更多地关注风险投资的治理效应（Lerner，1995；Cumming et al.，2010；Hochberg，2012），但是风险投资的增值行为，并不仅仅是公司治理，还包括增值服务（value-added service），即通过风险投资机构的信息、管理、财务、技术和社会网络等优势，推动企业资源优化，以达到生产效率提高、公司价值增值的目的。因此，本书从要素生产率的角度，研究风险投资的有效性，以此辨别风险投资是否会影响介入公司的生产效率。

进一步地，如果风险投资在内部能够影响企业生产率，那么在外部能否影响

---

① 这里暂且不考虑国际贸易的影响。

介入公司与资本市场的信息传递效率？一直以来，中国 A 股市场都是一个典型的"政策市"，存在着明显的"同涨同跌"现象，高度的股价同步性严重损害了股票价格引导资源配置的效率，也扭曲了要素市场的价格。已有文献发现，机构投资者可以增加公司信息透明度，降低资本市场噪声，提高股价信息质量（Piotroski and Roulstone，2004）。那么，风险投资作为机构投资者中"最积极"的一类（Bottazzi et al.，2008），其行为是否会提高介入公司的股票价格信息含量，降低股价同步性？对该问题的探索，不仅可以揭示风险投资的有效性，而且有助于发现资本市场中股价影响资源配置的投资者因素。

有鉴于此，本书预期从风险投资这一金融机构入手，分析风险投资持股及其增值服务是否能够对微观企业的技术、资本、劳动生产率以及总体生产效率产生影响？并分析这种影响是否能够降低股价同步性，即提高股价信息质量？本书考察的重点是风险投资、企业生产率与股价信息质量之间的内在关系，以及这种关系形成及演化的理论机理。最终，笔者希望得出风险投资在上市公司中的行为到底是符合"效率观"假设还是"逐名观"假设。

1.2　研究意义

基于上述研究背景，本书主要考察风险投资、企业生产率和股价信息质量之间的内在关系，以及这种关系形成及演化的理论机理，具有较强的理论意义和实践意义。

1.2.1　理论意义

本书研究的理论意义主要体现在以下几个方面。

1. 通过研究风险投资的增值服务，丰富和发展了风险投资理论。引入风险投资的上市公司表现优异到底是来自风险投资的增值行为还是选择行为，一直困扰着本领域的学者（Amornsiripanitch et al.，2019）。以往的研究多从公司治理的角度出发，忽视了增值行为中还包括增值服务，即风险投资可以为上市公司提供专业知识（如财务、技术和战略咨询）和商业资源（如并购目标、投资项目和低成本融资）。本书希望对此加以研究，一方面可以揭示风险投资的参与是否增加了介入公司的价值，另一方面也可以说明风险投资的行为是符合效率观假设还是逐名观假设。其研究结果可以从增值服务角度，丰富和发展风险投资理论。

2. 通过研究风险投资对企业生产率的影响，拓展了经济增长理论的研究范式和角度。以往对经济增长的研究，多注重宏观层面，如制度环境、产业政策、经济周期等的影响（干春晖等，2011；裴长洪，2013；郝颖等，2014），较少关注微观层面的因素。本书从风险投资出发，沿着"要素生产率→企业生产率→经济增长率"的线索，试图揭示风险投资这一微观金融机构对宏观经济增长的影响。其研究结果为经济增长理论开辟了新的研究范式和角度。

3. 通过研究风险投资对股价信息质量的影响，补充了有效市场理论。已有文献发现，相对于发达国家，发展中国家的资本市场表现出更强的股价同步性（Jin and Myers，2006）。莫克等（Morck et al.，2000）对 40 个国家（地区）的研究表明，中国股价同步性程度位居第 2 位，远高于其他国家（地区）。如此严重的股价同步性损害了资本市场资源配置效率，降低了市场有效性（许年行等，2011）。但是，一些文献认为，机构投资者具有信息发现或信息交易的作用，他们的存在增加了介入公司的股价异质性波动（Piotroski and Roulstone，2004；周林洁，2014）。因此，本书从机构投资者投资方式中的一种——风险投资出发，分析其对上市公司股价信息质量的影响。其研究结果有助于发现风险投资是否具有培育有效市场的作用，从而补充了有效市场理论。

1.2.2　实践意义

本书研究的实践意义主要体现在以下几个方面。

1. 有助于提高风险投资在上市公司中的投后管理水平。2016 年中华股权投资协会年会上，德弘资本董事长（前 KKR 全球合伙人）刘海峰提出，当前中国风险投资已经不能再依靠搭高经济增长的"顺风车"来获得巨额回报了，风险投资机构在未来想要生存和发展下去，必须重视投后管理，通过增加公司的价值来获得长期稳定回报。春华资本创始合伙人及董事长胡祖六也说，在中国经济趋于中低速增长的背景下，风险投资要从成长驱动型转为价值驱动型，即依靠公司价值增值来获得投资收益。由此可以看出，风险投资机构已经将投后管理摆在重要的位置。因此，本书的研究，有助于指导他们在上市公司采取有效的行为，通过提高企业生产率来增加公司价值，进而在资本市场上脱颖而出，实现高额的退出收益。

2. 为上市公司合理利用风险投资的增值服务提供经验证据。一项调查[①]发现，风险投资在注资后的一年中，会投入大量的时间和精力来辅导介入公司的经营管理，但是随着时间的推移（尤其是介入公司 IPO 后），这种投入会逐渐减少（Gompers et al.，2021）。因此有学者提出，风险投资只是选择了一个好公司，并没有增加其价值（Sorensen，2007）。真的是这样吗？很多实践界人士持反对意见[②]，他们认为机构在注资后，会一直关注介入公司，向其提供增值服务，促进其价值提高。基于此，本书研究风险投资的存在是否能提高上市公司的生产效率，进而影响其股票价格的信息含量。以此来判定风险投资的增值服务是否有效，并指导上市公司合理利用这种服务。

3. 凸显了风险投资在我国企业生产率提高和经济增长中的重要作用。微观企业的生产效率和宏观经济的增长，对一个国家的重要性不言而喻。根据 PWT8.0（Penn World Table）的数据，我国 2011 年按照购买力平价的人均 GDP 为 7 827 美元，已经成为中等收入国家。参考世界各国经济发展的历程，以拉美为典型代表的一大批国家长期处于中等收入水平，陷入"中等收入陷阱"。如何避免出现该问题？关键在于微观企业合理配置资源，提高生产效率，进而带动宏观经济的持续健康增长。本书的研究，分析了风险投资对上市公司技术、资本和劳动生产率的影响，反映了其在我国企业生产效率中的作用，揭示了风险投资是我国经济增长的发动机。

4. 有利于落实和推进政府提出的"金融服务实体经济"的要求。党的十九大报告中，习近平总书记指出，"深化金融体制改革，增强金融服务实体经济能力，提高直接融资比重，促进多层次资本市场健康发展"[③]。李克强总理也强调，要发挥金融服务实体经济的功能[④]。本书通过研究风险投资的行为方式，可以说明风险投资这种金融机构在促进上市公司这种实体经济的发展中所起到的重要作

[①] 该问卷调查覆盖了 76% 的世界前 50 风险投资机构，90% 的世界前 10 风险投资机构。

[②] 此观点来源于项目组前期调研中对风险投资从业人士的访谈，共涉及五个机构，分别是 IDG、Intel 投资、达晨创投、弘毅投资和红杉资本。

[③] 来源于党的十九大报告。

[④] 李克强考察中国银行、中国工商银行、中国建设银行并在银保监会主持召开座谈会［EB/OL］. ［2019 - 01 - 04］. http://www.gov.cn/premier/2019 - 01/04/content_5354953.htm.

用。该研究一方面揭示了风险投资具有培育高质量实体经济的功能，另一方面也为国家搭建风险投资平台，规范和引导风险投资发展提供政策建议。

5. 为资本市场上的投资者进行投资决策提供了新的参考。上市公司的股票价值和经营业绩都是投资者在决策过程中所要参考的重要指标，也与其投资利益关系密切。本书关注风险投资参与下上市公司的生产效率和信息传递效率，其结果说明风险投资持股会影响上市公司的经营表现、市场价值和股价波动。因此，资本市场上的投资者可以通过追寻风险投资的轨迹，来辅助判断投资标的是否具有投资的价值。

1.3　研究方法

本书拟采用定性研究与定量研究相结合的方法，在文献归纳、整理的基础上，建立理论模型进行实证分析，并辅以典型的风险投资参与上市公司的实地调研和案例研究。

1.3.1　规范研究法

规范研究的目的是通过对文献的梳理来建立研究模型，提出理论假设。笔者将根据卡那和雅非（Khanna and Yafeh，2007）的归纳方法，梳理本书各个子专题中存在的理论、假设、观点和实证证据。

笔者还将在文献研究的基础上选取典型的上市公司（存在风险投资持股）进行实地调研和案例研究。在案例的选取上，力求选择问题突出、背景清晰、有说服力的案例作为研究对象。笔者希望通过对典型案例的归纳和分析，总结出风险投资持股对企业生产率、股价信息质量的影响，揭示风险投资、企业生产率和股价信息质量的内在联系，为理论模型的建立和假设发展提供重要支持。

1.3.2　实证研究法

本书将遵循"假设提出→研究设计→实证检验→结果分析"的研究路径，对本书的研究内容进行大样本的实证研究，具体方法包括单变量统计检验、OLS回归分析和固定效应面板回归等。为了控制内生性问题，笔者主要采用倾向评分配比法（propensity score matching，PSM）、工具变量法（instrumental variable method，Ⅳ）、Heckman 模型以及双重差分模型（difference-in-differences model）。为了控制序列相关问题，笔者也采用聚类分析方法（cluster analysis）。此外，本书在研究风险投资对公司治理的影响时，采用主成分分析方法（principal component analysis）构建公司治理变量。

1.4　研究目标

本书的总体研究目标是：基于我国资本市场（弱式有效市场）背景，结合国内外有关企业生产率和股价信息质量研究的分析方法、理论框架与发展趋势，以风险投资持股及其增值服务的角色功能挖掘为切入点，深入分析风险投资、企业生产率与股价信息质量之间的内在关系，研究三者关系形成及演化的理论机理。得出具有基础性、前沿性、原创性以及应用价值的研究成果，推进微观金融机构影响宏观经济增长和资本市场有效性方面的交叉研究。最终为完善我国资本市场有效性，增强上市公司对风险投资持股的角色定位和理解，启示监管层合理搭建平台，充分发挥风险投资的增值服务为培育高质量企业提供重要的研究指导。

本书的具体研究目标如下。

1. 研究风险投资行为的有效性。本书拟从风险投资的增值服务角度，揭示风险投资是否增加了上市公司的价值，从而说明其行为是否遵循效率观下的增值行为。

2. 研究风险投资对要素生产率的影响。本书拟从投入—产出效率角度，分析风险投资持股及其增值服务是否能够提高上市公司技术、资本和劳动要素的生产效率。因为上市公司资源禀赋存在差异，本研究更关注风险投资参与对要素投入—产出效率的纵向影响，而不是要素产出结果之间的横向对比。

3. 研究风险投资对企业生产率的影响。本书使用全要素生产率来度量企业生产率，探索风险投资在影响上市公司单一要素生产率基础上，是否能够影响企业的整体生产效率。

4. 研究风险投资对股价信息质量的影响。本书使用股价同步性来度量股价信息质量，考察风险投资持股是否能够提高上市公司与资本市场的信息传递效率。本研究也探讨宏观、中观和微观的因素对这种信息传递的影响。

5. 研究风险投资、企业生产率和股价信息质量的内在关系。本书拟说明在弱式有效市场中，企业生产率与股价信息质量是否存在正向关系，并探索风险投资持股对这种关系的影响路径和效应。

1.5　研究内容

1.5.1　风险投资与单一要素生产率

本部分内容是风险投资与企业生产率之间关系分析的基础性研究，研究的动机在于探索风险投资持股及增值服务对上市公司技术、资本和劳动要素生产效率的影响。与以往相关研究不同，本书重点关注以下方面：第一，风险投资的增值服务。效率观认为风险投资的增值行为包括公司治理和增值服务，两者均可以增加企业价值（Metrick and Yasuda，2011），但是路径不同，公司治理的路径是监督、约束和激励管理层以降低代理成本；而增值服务的路径是提供专业知识和各种资源以提高经营绩效，显然增值服务对技术、资本和劳动的影响更加直接。那么，什么样的增值服务可以提高技术、资本和劳动的生产效率？现有文献较少涉及，亟须进行探索。第二，要素的投入—产出效率。上市公司的资源禀赋不同，其要素的产出水平天然就会存在差异。如果只是横向地比较技术、资本和劳动的产出差别，很容易受到公司特质信息的干扰。因此，本书尝试使用公司间要素的投入—产出效率来进行对比，以判断风险投资持股及其增值服务，是否提高了技术、资本和劳动的生产效率。那么，什么是技术、资本和劳动要素的投入和产出呢？如何对它们的投入和产出进行度量呢？现有研究没有涉及，需要进行创新性探索。

增值服务是风险投资机构的重要商业机密，只有核心投资团队掌握，不可能向外界公布，因此只能从公开数据中探测风险投资提供增值服务的可能性。根据实地调研和访谈，笔者认为风险投资的增值服务可能会在以下几个方面存在差异：（1）行业专注性。很多风险投资机构具有行业偏好，专注于投资某个行业，那么他们很可能在这个行业中积累了大量的知识资本和网络资源，可以为介入公司提供更加专业的建议和更加丰富的上下游资源，从而提高其要素生产率。（2）持有规模。一般来说，风险投资机构持有上市公司股份市值越高，他们的机会成本就越高，也就越有意愿去提供增值服务以优化资源配置，提高生产效率。（3）市场份额。与实业经营类似，如果风险投资机构占有较大比例的市场份额，那么其资金实力、人力资源和社会网络很可能在行业中处于领先地位，能够为介入公司提供更好的增值服务。（4）投资价值导向。如果一个风险投资机构偏好 IPO 前突击进入，禁售期后马上退出，那么他很有可能秉承交易获利理念，不太可能提供增值服务以帮助介入公司成长。（5）与介入公司的距离。风险投资机构大多会在自身资源聚集的地方设立办公室，而他们的社会资源又大多具有地域性。如果介入公司的所在地距离机构办公室较近，那么他们就有可能利用风险投资在当地的政治、金融和行业资源。

要素的投入—产出效率是风险投资持股及其增值服务的作用对象。首先，参考先前的研究，技术要素的投入和产出一般用研发投入和专利产出来表示，两者之间存在正向关系（Pakes and Griliches，1980）。以往的研究显示，风险投资既能影响介入公司的研发投入，也能影响其专利产出（张学勇和张叶青，2016），因此，本书尝试探索风险投资在上市公司研发投入和专利产出之间的调节效应。其次，资本要素的投入—产出效率体现在投资效率上，参考理查德森（Richardson，2006）的研究，本书将自由现金流和过度投资作为资本要素的投入和产出，考察风险投资的参与是否能降低自由现金流的过度投资；同时，参考赵宜一和吕长江（2017）的研究，本书也用投资机会和企业投资来表示资本要素的投入和产出，考察风险投资的参与是否能让上市公司具有更好的投资敏感性。最后，劳动要素的投入—产出效率要从高层管理者和普通劳动者两个角度考察。对于高层管理者劳动要素的投入和产出，本书参考王会娟和张然（2012）的研究，使用管理层薪酬和公司绩效来表示；而对于普通劳动者劳动要素的投入—产出效率，本研究承袭（Jung et al.，2014）的模型，直接使用劳动投资效率来衡量。在这个模型中，劳动投资效率可以体现上市公司对劳动力投资的效率，不用单独设置投入和产出变量。

本部分的研究内容如图 1 - 1 所示。

1.5.2　风险投资与企业生产率

1.5.1 小节基础性地分析了风险投资持股及其增值服务对上市公司单一要素（技术、资本和劳动）生产率的影响，本部分进一步分析这种影响是否会带来企业生产率的改变。理论逻辑遵循"风险投资持股→单一要素生产率→企业生产率"的递进分析思路。杨汝岱（2015）研究表明单一要素生产率是全要素生产

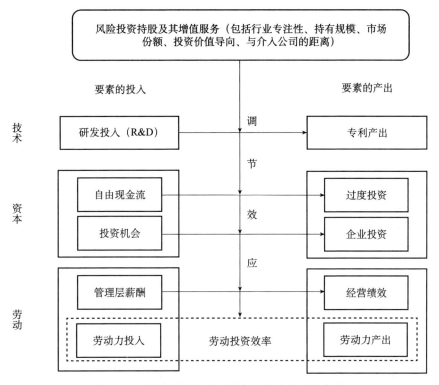

图 1-1 风险投资与单一要素生产率的研究内容

率的驱动因素，那么延承这一思路切入风险投资持股的增值效应分析，本部分预期要回答的问题明确为：在中国资本市场背景下，风险投资持股是否提高了上市公司生产效率。陈鑫等（2017）已经用地区层面的数据证明了风险投资总额占GDP 比例越高，该地区全要素生产率就越高。这说明在中国资本市场背景下，风险投资对全要素生产率的提高有促进作用。只是不知道这种促进作用在上市公司中是否存在。现有文献已经发现风险投资对上市公司的技术（付雷鸣等，2012）、资本（吴超鹏等，2011）和劳动（王会娟和张然，2012）要素的产出水平均有促进作用，而且对上市公司的经营绩效和企业价值也有增强效应，由此，可以推断，风险投资对我国上市公司的生产效率也可能存在正向影响。

1.5.3 风险投资与股价信息质量

1.5.2 小节考察了风险投资持股对上市公司生产效率的影响，那么，风险投资持股会不会对上市公司信息传递效率也存在影响？本部分将对此进行探索性研究。一方面，效率观认为风险投资一旦筛选出优质企业，就会通过公司治理和增值服务对其进行监督并完善其信息披露质量，从而缓解上市公司与投资者间的信息不对称，因此，提高了上市公司与资本市场的信息传递效率（Baker and Gompers，2003），有利于股价信息质量；另一方面，逐名观却认为风险投资只是选择了"好公司"，无益于上市公司的信息传递效率（Gompers，1996）。而且，其为了追逐高额退出收益，还有可能存在道德风险，背离投资者角色，伙同上市公司包装财务报表，加剧投资者的信息不对称，因此，降低了上市公司与资本市场的信息传递效率（Masulis and Nahata，2011），不利于股价信息质量。综上所述，笔者提出两个竞争性假设：（1）风险投资持股能够增强股价信息质量。（2）风险投资持股无益于股价信息质量，甚至会降低股价信息质量。

进一步，本书还想探讨宏观、中观和微观因素在风险投资持股与股价信息质量之间的影响效应。

在宏观因素中，主要关注市场态势和市场开放性。首先，市场态势的影响。研究发现，风险投资在牛市和熊市中存在不同的行为选择（Cho and Lee，2013）。在牛市中，投资者情绪高涨，不断推高股价，风险投资和上市公司都能获得收益，降低了信息操纵的动机，从而提高了股价信息质量；而在熊市中，投资者情绪悲观，不断抛售股票，风险投资和上市公司都惧怕股价崩盘，往往有更大的激励操纵信息，从而降低了股价信息质量。其次，市场开放性的影响。钟覃琳和陆正飞（2018）的研究发现，资本市场开放可以增加信息透明度，加速公司基本面信息融入股价，强化股价的信号机制，从而提高股价信息质量。据此，笔者推测，在更加开放的市场中，风险投资和上市公司均会受到更强的外部监督，有利于降低两者信息操纵的道德风险，提高股价信息质量；反之则情况相反。

在中观因素中，主要关注市场竞争和行业不确定性。首先，市场竞争的影响。先前的研究认为，市场竞争程度能够显著影响会计稳健性与股价信息质量之间的关系（Kim and Zhang，2012）。他们的逻辑是，在竞争程度较低的行业，上市公司具有一定的垄断性，这使企业内部人不需要借助财务操纵来获取私有收益，反而提高了股价信息质量。由此，本研究推测，如果市场竞争程度较低，那么风险投资联合上市公司进行财务信息操纵的可能性就低，有利于提高股价信息质量。其次，行业不确定性的影响。笔者受董静等（2017）的启发，意识到行业不确定性可能会影响风险投资和上市公司的行为。据此，本研究提出如下假设：

在低不确定性行业中，资本市场可能对上市公司的基本面信息有比较准确的预期，风险投资和上市公司进行信息操纵被识别的概率增加，这有助于降低他们的道德风险，提高股价信息质量。

在微观因素中，主要关注信息透明度和审计质量。首先，信息透明度。有学者认为信息不透明将导致上市公司个体信息进入股票价格的含量减少，从而导致股票价格个体性的波动程度减弱，股票价格的同步性增高（Jin and Myers，2006）。据此，本书认为，上市公司信息越不透明，风险投资越有机会伙同管理层发生"寻租"行为，股价信息质量越差。其次，审计质量。审计的核心目标之一是合理保证财务信息质量。显然，审计质量越好，财务信息质量就越高，财务信息被操纵的可能性就越低。因此，本书推测，在审计质量较高的企业，财务信息操纵的成本加大，风险投资和上市公司不容易联合隐瞒信息，股价信息质量较好。

本部分内容如图 1－2 所示。

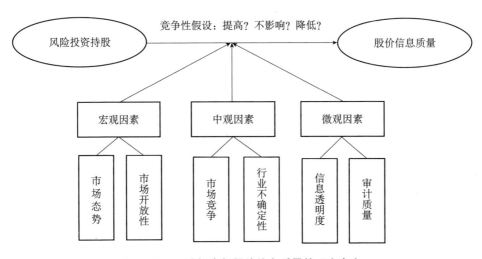

图 1－2　风险投资与股价信息质量的研究内容

1.5.4　风险投资、企业生产率与股价信息质量

在 1.5.2 小节和 1.5.3 小节研究的基础上，本部分进一步探索风险投资持股是否能够更好地向资本市场传递信息。

已知在弱式有效市场中股票价格不能充分反映现时的企业生产率信息，而且，投资者获取信息的能力存在差别，一部分理性和聪明的投资者可以通过基本面分析率先捕捉到上市公司的生产效率信息。因此，本书探索性地提出以下逻辑：在弱式有效性市场中，企业生产率的提高可以吸引理性和聪明的投资者（如分析师和机构投资者）的关注，这些关注的聚集可以形成有力的外部监督，从而降低了上市公司的信息不对称性，提高了信息透明度，进而增加了股价信息质量。由此，笔者认为在中国资本市场（即弱式有效市场）背景下，企业生产率与股价信息质量之间存在着正向关系。那么，风险投资的参与是否会改变企业生产率与股价信息质量之间的正向关系，本部分予以检验，具体内容如图 1 – 3 所示。

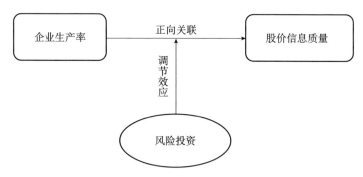

图 1 – 3　风险投资、企业生产率与股价信息质量的研究内容

1.6　拟解决的关键科学问题

1.6.1　风险投资的定义问题

如何定义"风险投资（VC）"是本书的核心问题，在实践中它常常与私募股权投资（PE）相混淆。一般来说，风险投资指投资于企业发展阶段的股权投资，而私募股权投资是指投资于企业成熟阶段的股权投资。但是，张学勇和廖理（2011）认为这两种股权投资在我国并无清晰一致的划分，很多私募股权投资公司（基金）都在从事风险投资活动，而很多风险投资公司（基金）也会涉及私募股权投资业务，因此，本项目对核心概念"风险投资"的认定，并不基于股权投资机构的名称，而是基于股权投资的性质，即股权投资机构进入上市公司的时候必须是"风险投资性质"。董静等（2017）提出，在 CVSource 数据库中，投资性质显示为"VC-Series"和"PE-Growth"且发生在企业 IPO 之前的，均符合理论研究中的"风险投资性质"，这与张学勇和廖理（2011）的认定一致，也得到很多风险投资从业人士的认可。因此，暂时采用此方法认定"风险投资"，但是基于审慎和稳健性考虑，也会在研究中不断完善"风险投资性质"的界定。

1.6.2　内生性问题

风险投资持股可以促进上市公司表现优异，而上市公司表现优异也会促进风险投资维持股份，即风险投资持股具有很强的内生性（Sorenson，2007；Amornsiripanitch et al.，2016）。此时 OLS 回归得出的结论很可能是一种伪相关。因此，我们在检验风险投资、企业生产率和股价信息质量的内在关系时，需要采用科学合理的方法以减轻内生性问题对研究结论的影响。本书考虑采用倾向评分配比法（PSM 法）和工具变量法（Ⅳ法）来估计风险投资持股倾向，以此研究风险投资对企业生产率与股价信息质量的影响，以期得到更加稳健的研究结果。

1.6.3　关键指标的量化问题

在中国资本市场背景下，风险投资持股到底对上市公司的生产效率和信息传递效率产生什么样的影响？对这个问题的正确认识和理解需要有数据支持的实证研究进行科学考察，而实证研究中的首要问题就是关键指标的量化问题。在本书中，风险投资、企业生产率和股价信息质量均是关键指标，用以测度风险投资持股的增值内涵和经济后果，需要在符合实践的基础上进行科学合理的衡量。目前，笔者已经在上述领域搜集和积累了充分的研究文献和可供借鉴的研究方法，并通过前期行业调研加以修正。出于稳健性考虑，本书也对关键指标尽可能地使用多种方法进行验证，以得出更加可靠的研究结论。

1.6.4　风险投资、企业生产率与股价信息质量内在关系形成和演化的机理

本书预期对风险投资、企业生产率和股价信息质量之间的内在关系进行深入和系统地研究，那么这三者关系形成的理论机理无疑就成为本项目预期突破的一个重点和难点问题。笔者预期的思路是遵循递进的分析线路：风险投资持股→企

业生产率→股价信息质量，这一分析线路是否成立？需要考察线路中三个关键节点的两两互动关系，特别重要的是检验风险投资持股的调节效应。本书以增值服务为切入点，通过观察风险投资持股背后企业生产率的客观变化，进一步分析持股行为对股价信息质量的影响，并揭示这种行为是加剧还是缓和企业生产率与股价信息质量的联动性，据此厘清风险投资持股对上市公司生产效率和信息传递效率的作用机理，为实证模型的构建提供逻辑支持。

总结

企业生产率和股价信息质量关系到宏观经济的增长和资本市场的有效，一直以来，都是学术界研究的热点。本书创新性地从风险投资入手，分析风险投资持股及其增值服务是否能够对上市公司的要素投入—产出效率以及总体生产效率产生影响，并探索风险投资持股是否能够增强上市公司与资本市场的信息传递效率，即提高股价信息质量。进一步分析宏观、中观和微观因素在其中的作用。本书考察的重点是风险投资、企业生产率与股价信息质量之间的内在关系，以及这种关系形成及演化的理论机理，其结论一方面可以揭示风险投资的有效性，识别风险投资的高收益是来自增值行为还是选择行为；另一方面也可以挖掘风险投资在培育高质量企业和有效市场中的作用，丰富和拓展风险投资研究的范式和视角。

第 2 章
国内外研究现状与评述

本书主要研究风险投资、企业生产率与股价信息质量之间的内在关系，以及这种关系形成及演化的理论机理。由此，研究现状的回顾从以下几个方面展开：风险投资的行为；风险投资与企业生产率；风险投资与股价信息质量；企业生产率与股价信息质量；国内外研究评述。

2.1　风险投资的行为

风险投资是由职业金融家投入到新兴的、迅速发展的、具有巨大竞争潜力的企业中的一种权益资本，并通过首次公开募股（initial public offering，IPO）、并购或回购等方式出售股权获得回报，其中 IPO 是使用最多的退出方式。由于禁售期的存在，风险投资在介入公司 IPO 后只是名义上的退出，其持有的股权只能在一年或三年后[①]才能上市交易。为了获取高额的投资回报，风险投资有动机推高介入公司的股票价格。但是其推高股价的方式是效率观认定的增值行为，还是逐名观认定的选择行为呢？当前学术界存在着较大的争论。

效率观认为，风险投资一旦筛选出优质企业，就会通过公司治理和增值服务参与介入公司的经营管理，提高其生产效率，降低其信息不对称程度，加强其与资本市场的信息传递效率，最终提高介入公司的股价信息质量（Megginson and Weiss，1991；Hellmann and Puri，2002；吴超鹏等，2011；Gompers et al.，2021）。效率观没有否定风险投资具有选择行为，只是强调风险投资的高绩效来源于增值行为，即风险投资是通过公司治理和增值服务来增加介入公司价值的。

---

① 根据《公司法》第一百四十一条规定"公司公开发行股份前已经发行的股份，自公司股票在证券交易所上市交易之日起一年内不得转让"。

相关研究发现，风险投资注入资本后，会利用自身的专业知识和社会网络向介入公司提供一系列的建议和资源（Gorman and Sahlman，1989）。这些建议和资源被认为是风险投资区别于其他类型投资的重要特征，其目的在于最大化投资价值并获得较高的资本收益（Large and Muegge，2008）。已有研究认为，风险投资的增值服务包括帮助介入公司建立社会资源网络，为管理团队物色合适人选，提供融资、法律、财务顾问，评估和优化经营管理战略，协助建设组织和运营体系，提供营销和产品技术方面的建议等（Barney et al.，1996；Hochberg et al.，2007；徐欣和夏芸，2015）。这些增值服务与公司治理（如监督、约束和激励管理层）共同构成了风险投资的增值行为，其结果有利于增加上市公司的价值。

逐名观认为，风险投资通常以基金的形式运作，基金运作有限的寿命周期（美国平均是 8 年，中国平均是 3 年）和有限合伙的组织结构决定了其关注如何在短期内收回投资并获得高额利润，这必然导致风险投资的短期化和机会主义倾向（权小锋和尹洪英，2017）。在逐名观影响下，风险投资虽然会在介入公司中进行公司治理并提供增值服务，但是他们更加注重选择优质的公司，以便其能尽快公开上市，从而使机构能尽早获得退出回报（Gompers，1996；Lee and Wahal，2004；Sorensen，2007；蔡宁，2015）。显然，逐名观没有否定风险投资具有增值行为，只是强调风险投资的高绩效来源于选择行为，即风险投资是通过选择优质公司来实现高额退出收益的。使用双边匹配模型（two-sided matching model）估计，风险投资创造的大部分价值来源于选择行为（Sorensen，2007）。顶尖风险投资机构更容易接触持续创造成功的企业家，而这些企业家很容易将公司做好，从而给风险投资带来高额回报（Gompers et al.，2010）。在我国资本市场中，学者从中小企业样本中发现，风险投资在 IPO 时既没有增加介入公司的价值，也没有提高其经营业绩（Tan et al.，2013）。余琰等（2014）甚至发现国有风险投资也是无效的，它们在投资行为上没有体现出政策初衷，在扶持创新上也没有表现出显著的价值增加作用。

2.2　风险投资与企业生产率

企业生产率是决定一国经济持续增长的重要源泉，也是企业在国际市场上是否具有竞争力的基础（周黎安，2007）。正因如此，有关企业生产率方面的研究一直以来都是学术界关注的焦点。已有研究显示，企业生产率一般使用企业层面的全要素生产率（total factor productivity，TFP）来表示（毛其淋，2013；徐保昌和谢建国，2016），其影响因素包括技术、资本和劳动。

　　改革开放以来，以丰富的劳动力资源为基础，依托高投资和出口导向型发展模式，我国经济发展取得了很大的成绩，增长速度远远超过其他金砖国家和世界平均水平（见图 2 - 1）。但是，以扬（Young，2003）为代表的学者通过考察中国企业的生产率水平，发现其增长率只有 1.4%，远谈不上"奇迹"，只是依靠投资拉动和人力资本积累而形成的"粗放型"增长模式。然而，随着我国人口红利逐渐消失和资本形成比例接近极限（见图 2 - 2），这种模式已经难以为继。

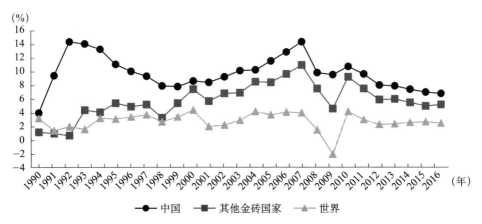

图 2 - 1　中国、金砖国家和世界 GDP 实际增长趋势

资料来源：金砖国家统计局、联合国统计司和国际货币基金组织（IMF）。

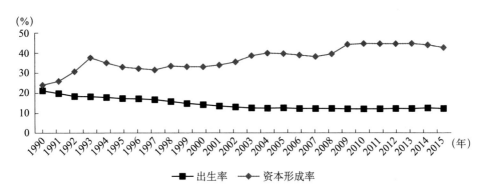

图 2 - 2　中国人口出生率和资本形成率变化趋势

资料来源：国家统计局。

未来，中国要想实现可持续经济增长，必须转变增长方式，提高技术、资本和劳动要素的生产率，进而提高企业生产率。在这个过程中，风险投资作为推动技术创新、资源优化和经济增长的重要因素，是否会发挥作用呢？

现有文献已经通过美国制造业和中国地区层面的研究给出了肯定答案。例如，在美国制造业中，风险投资背景的企业普遍具有较高的全要素生产率，在控制选择行为后，结论依然不变（Chemmanur et al.，2011）。同时，学者还发现高声誉的风险投资在提高介入公司生产效率时具有更强的作用。陈鑫等（2017）利用省级层面数据发现，一个地区风险投资总额占 GDP 的比例越高，该地区全要素生产率就越高。同时，他们还提出外资风险投资（利用该地区外资风险投资总额占 GDP 比例来度量）更愿意通过技术进步来促进全要素生产率的提高，而民营风险投资（利用该地区民营风险投资总额占 GDP 比例来度量）则更愿意通过改善技术效率来促进全要素生产率的提高。

虽然上述研究已经得出了一些有益的结论，但是我们依然需要中国背景下企业层面的经验证据。赵静梅等（2015）使用介入公司 IPO 当年的数据对此进行了尝试，与上述两篇文献不同，他们给出了否定的答案，即风险投资总体上没有改善企业的生产效率。然而，由于 IPO 业绩变脸现象（逯东等，2015）一定程度存在，IPO 时的投入—产出数据可能存在失真，再加上风险投资在 IPO 后依然会在上市公司中存在数年（吴超鹏等，2012；罗炜等，2017），因此，笔者认为有必要在赵静梅等（2015）的基础上，进一步研究风险投资对上市公司生产效率的影响，并探索这种影响是否会改变股价信息质量。

此外，还有很多文献探索风险投资对单一要素（即技术、资本与劳动）的影响，由于单一要素的生产效率直接影响全要素生产率（即企业生产率），因此，这些文献也是本书研究的基础，需要逐一进行综述。

2.2.1 风险投资与技术

技术的进步在于创新，而风险投资是创新的核心驱动力之一（苟燕楠和董静，2014）。已有研究表明，风险投资支持的公司往往具有更强的创新能力（Kortum and Lerner，2000；张学勇和张叶青，2016）。这些公司的创新能力主要来源于两个方面：一是在引入风险投资前本身就拥有的；二是在风险投资的促进下提升的。显然，前者属于风险投资的选择行为，即通过对目标公司的审慎考察，筛选出有潜力的初创企业并实施投资，这样目标公司的创新能力和技术优势就是选择的重要标准（Baum and Silverman，2004）；而后者属于风险投资的增值行为，即通过对目标公司的增值服务，增加其研发投入并提升其研究水平，进而提高其创新产出（如专利数量增长），这样目标公司的创新能力和技术优势就有风险投资推动的功劳（Hellmann and Puri，2002）。

2.2.2　风险投资与资本

在企业中，资本要素的投入—产出与投资决策相关。MM 理论认为，公司投资决策仅取决于投资机会的盈利能力，而无须考虑金融因素（Modigliani and Miller，1958）。但是，放开 MM 理论的完美假设，考虑代理问题和信息不对称问题，公司投资决策就会受到过度投资和投资不足的困扰（Richardson，2006）。已有研究认为，风险投资是一类"积极的"机构投资者（Bottazzi et al.，2008），可以监督管理层，防止其滥用自由现金流进行过度投资；同时，风险投资也是一类"专业的"机构投资者（Celikyurt et al.，2014），拥有大量的财务和投资人员，可以帮助介入公司评估投资项目的可行性，并通过自身所在的金融业关系网络进行推广，增加该项目的信息透明度，从而更容易获得外部融资，缓解投资不足。因此，吴超鹏等（2012）认为，风险投资的存在可以提高介入公司的投资决策效率。

2.2.3　风险投资与劳动

劳动要素的生产率属于人力资源研究范畴，大体包括两个方面：一个是管理层劳动生产率[①]，另一个是普通员工劳动生产率。对于前一个方面，风险投资支持的公司，其 CEO 个人财富与股东权益的弹性高于无风险投资支持的公司（Baker and Gompers，2003）；风险投资参与的公司其高管的权益报酬比例随着公司经营状况的改善而提高（Kaplan and Stromberg，2001）。这说明风险投资的存在可以增加管理层薪酬—绩效的敏感性，从而增加其劳动生产率。对于后一个方面，现有的风险投资文献还没有涉及。但是，随着我国经济增长方式的转变和对

---

①　管理层劳动生产率即企业家才能，在一些经济学著作中，它被单独列为与普通员工劳动生产率不同的生产要素，但是在这里将其纳入广义的劳动要素范畴。

劳动者权益保护的升级，人工成本不断上升，这就导致普通员工劳动生产率对企业来说愈加重要（Jung et al.，2014）。那么，作为依靠上市公司生产效率提升→公司价值增加→股票价格上涨而获得退出回报的风险投资，是否会对此产生影响呢？笔者尝试加以研究。

2.3 风险投资与股价信息质量

资本市场的基本功能是利用股票价格的信号机制实现资源的最优配置。在一个有效的股票市场中，价格能引导稀缺的资本实现最大的回报。股票价格引导资源配置的功能取决于两个方面：一是其反映企业真实信息的能力，二是其所处经济体股票市场的有效性（Gul et al.，2010）。相对于成熟资本市场，新兴资本市场的股票价格往往包含着较大"噪音"，不能很好地反映公司基本面信息，难以有效地发挥资源配置的引导作用，其表现形式就是"股价同步性"（stock price synchronicity）。

股价同步性是指单个公司股票价格的变动与市场平均变动之间的关联性，即所谓的股价"同涨同跌"现象。已有研究表明，过高的股价同步性会严重损害股价信息质量，对上市公司、资本市场和社会经济均会产生不利影响，具体表现在：一是难以识别并更换绩效差的管理层人员，降低了公司治理的有效性（De-Fond and Hung，2004）；二是影响资本预算效率，无法有效抑制管理层进行无效率投资的倾向，从而使资本预算偏离公司价值最大化目标（Durnev et al.，2004）；三是导致资本市场无法有效引导资金流向优质企业，损害了资本配置效率，影响经济增长（Wurgler，2000）；四是容易引发资本市场的崩溃，增加金融风险（Hutton et al.，2009）；五是导致经济政策无效，降低政府调节宏观经济的能力（许年行等，2011）。因此，很多学者都在探索股价同步性的影响因素，以期降低股价同步性，提高股价信息质量。

当前，国内外学者分别从宏观层面和微观层面讨论了股价同步性的生成原因，其中宏观层面包括法律对投资者的保护（Morck et al.，2000）、资本市场信息透明度（Jin and Myers，2006）和资本市场开放性（钟覃琳和陆正飞，2018）；微观层面包括公司治理（Bushman et al.，2004）、机构投资者持股（Piotroski and

Roulstone，2004)、会计信息质量（王亚平等，2009；金智，2010)、分析师追踪人数（Chan and Hameed，2006）以及媒体报道（黄俊和郭照蕊，2014）等。在这些研究中，很多学者发现，机构投资者持股不仅可以直接影响股价同步性，而且可以调节其他因素对股价同步性的影响（王亚平等，2009；周林洁，2014)。由此，可以推断，机构投资者在股价同步性中可能发挥重要作用。那么，风险投资作为机构投资者的一种，会不会影响介入公司的股价同步性，进而影响其股价信息质量呢？

目前来说，这方面的研究还是空白。因此，笔者认为有必要把风险投资从机构投资者中单独提炼出来，去研究其与股价信息质量的关联。主要原因有以下三点：第一，实践显示风险投资几乎不参与二级市场交易（除了退出之外)，也不像公募基金那样具有定期披露和排名的压力①（Porter，1992)，这使他们更少地受资本市场牛熊转换的影响，其结果很可能与其他机构投资者对股票价格的"噪音"影响不同；第二，风险投资的获利模式是股权增值，而不是交易增值（Acharya et al.，2013)，这使他们更多地依靠公司价值而不是市场行情来盈利，其结果可能会改变股票价格与公司价值的关联性；第三，风险投资持有的股权长期缺乏流动性，很难通过"用脚投票"来保证资金安全（冯慧群，2016)，这使他们更加注重公司治理，可能会改变被投资公司的信息透明度。

综上所述，笔者认为风险投资与介入公司股价信息质量之间可能存在关联，值得进行研究。

2.4　企业生产率与股价信息质量

在法玛（Fama，1970）的有效市场假设（efficient market hypothesis，EMH）中，他将有效市场分成三个层次：强式有效市场、半强式有效市场和弱式有效市场（三种市场的差别见图 2 - 3)。在强式有效市场中，股票价格能够及时、准确、全面地反映企业信息，不存在信息传递非效率的现象。也就是说，在这种市

---

① 在中国资本市场中，公募基金需要每个季度向公众披露其投资的股票品种，持股比例，以及投资收益。美国及其他西方资本市场也是如此。

场中，股价信息质量足够好，企业生产率完全可以通过股票价格反映到资本市场上，不存在信息不对称性。但是国内外学者大多认为，强式有效市场在现实世界中是不存在的，即使是发达的资本市场，也只是半强式有效市场，而我国的资本市场，仅仅是弱式有效市场（张兵和李晓明，2003）。

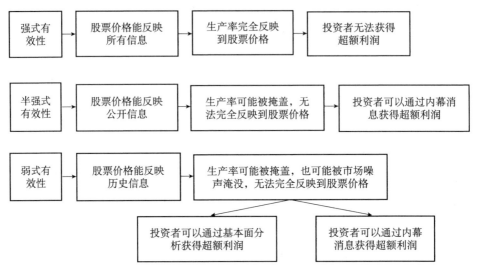

图 2 - 3　有效市场理论中三种类型市场的差别

在弱式有效市场中，股票价格只能充分反映上市公司的历史信息，不能充分反映现时信息。因此，投资者无法通过历史价格分析（即技术分析）获得超额利润，但是可以通过基本面分析获得（吴世农，1996）。在这种情况下，上市公司的生产效率就不能有效地反映到股票价格上。那么，资本市场上的投资者是如何识别上市公司的生产效率呢？已有文献认为，分析师追踪（Chan and Hameed，2006）和机构投资者参与（Gillan and Starks，2000）既有助于上市公司基本面信息的传递，也有助于上市公司价值的挖掘。因此，笔者推测，在弱式有效市场中，资本市场上的"聪明人"（分析师）和"理性人"（机构投资者）可以很快追踪到上市公司的生产效率，从而导致生产效率较高的公司，聚集了较多的外部监督，增加了信息透明度，进而提高了股价信息质量；而在生产效率较低的公司，因为无人关注，可能会加剧信息不对称性，从而降低了股价信息质量（具体影响路径见图 2 -4）。

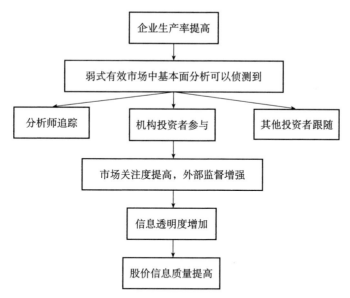

图 2 - 4　企业生产率对股价信息质量的影响路径

2.5　国内外研究评述

结合上述国内外研究现状，笔者认为在以下方面还有继续研究的空间。

第一，现有对风险投资行为的研究，多集中在公司治理领域。但是，风险投资的增值行为不仅包括公司治理，还包括增值服务。公司治理监督和约束管理层，保证投资安全；增值服务直接提供专业知识和各种资源，作用于企业生产率。

第二，以往文献中关于风险投资对技术、资本和劳动要素的影响，多重视"产出"的比较，忽视了"投入—产出"的对比。事实上，风险投资的增值服务是通过提高要素"投入—产出"的效率而发挥作用的。

第三，实践显示，很多风险投资在禁售期后依然留在上市公司，那么他们对上市公司的生产效率有什么影响？他们的行为是什么样的？现有文献较少涉及，需要深入进行研究。

第四，风险投资比其他机构投资者更有动力，更有能力去影响股价信息质量，进而影响资本市场的定价效率，但是现有的文献在此还是空白，需要加以研究。

第五，在我国资本市场背景（弱式有效市场）下，企业生产率是否能够提高股价信息质量？风险投资的参与是否能改变企业生产率与股价信息质量的联系？风险投资、企业生产率与股价信息质量之间的内在关系是怎样的？目前还缺乏相关研究。

第3章
风险投资的内涵和行为

3.1　风险投资概述

风险投资的概念源于美国，英文为 Venture Capital，其原本的含义是"冒险资本"或"冒风险投资的资本"（王斌，2019）。到目前为止，对于这一投资业务，学术界和实践界还没有一个明确的、被各方接受的概念。根据维基百科（Wikipedia）的定义，风险投资是指在公司初创阶段在非公开市场交易的公司权益性资产。美国风险投资协会（National Venture Capital Association，NVCA）对风险投资的定义分为广义和狭义两种，广义包括所有的风险投资基金（venture capital，VC）、并购基金（management buyout，MBO）、夹层投资基金（mezzanine investment）、基金的基金（fund of funds，FOF）和二级投资基金；狭义则不包括私募股权投资（private equity，PE）。而欧洲风险投资协会（European Venture Capital Association，EVCA）则把风险投资等同于私募股权投资，认为其是投资于企业早期（种子期和创业期）和扩展期，提供股权资本帮助未上市企业成长的投资。

国外学者定义风险投资多数是基于其投资对象。凯利（Kelly，1971）指出，风险投资是指将资金投入高风险但具有成长潜力的企业，之后等待该企业的股权增值后予以变现以获得收益。赖特和罗比（Wright and Robbie，1998）认为，风险投资是在专业投资人员管理下，投资于未上市的、高风险的初创企业，并以资本利得作为主要收益。勒纳等（Lerner et al.，2012）风险投资定义为专门针对具有高风险，同时又具有潜在高收益的项目进行融资的投资行为。显然，他们的定义强调了风险投资具有"高风险、高收益"的特征。

近年来，我国学者也描绘了风险投资的内涵和特征。例如，刘曼红等

（2018）用五个要素来总结风险投资的特征，这五个要素是：风险投资包含一个循环（融资→投资→投后管理→退出）、两个代理关系（投资者→风险投资公司→企业家）、三个方面参与（投资者、风险投资家和企业家）、四个运作阶段（融资、投资、投后管理以及退出），以及五大特征（非上市公司、股权投资、增值性投资、高风险、高收益以及长期性）。王斌（2019）讨论了广义风险投资的内涵，他认为风险投资是私募股权投资的一个分支，是"通过股票交易市场以外的途径为具有很高成长潜力并伴随高风险的新企业提供股权或类似于股权的投资行为"。

一般来说，风险投资是私募股权投资的最初形式，两者在很长一段时间内含义是相同的，这一点可以从早期的西方文献以及欧洲风险投资协会的定义中看出。风险投资的概念包含在私募股权投资的概念之中，但在西方资本市场实践中，与私募股权投资有一定区别，主要体现在以下三个方面：第一，投资阶段不同，后者投资于扩张期和成熟期企业，可以是上市的，也可以是未上市的，而前者投资于初创企业，一般不具有上市资格。第二，投资理念不同，后者注重企业的整合价值，而前者注重企业的成长价值。第三，承担风险不同，后者投资的企业具有一定规模，面临风险较小，而前者投资于企业早期，面临风险较大。

根据上述区分，可以看出风险投资的对象为未上市公司，或者处于早期阶段的创业企业，然而，笔者通过与实务界人士交流，发现在我国资本市场实践中，风险投资大多投资于待上市公司（IPO前五年）和即将上市公司，极少投资于初创公司，因此本书以实践为基础，借鉴已有的研究，将风险投资定义为向待上市或即将上市且具有高成长性的公司投资的权益性资本，主要通过股权增值来获得投资回报。张学勇和廖理（2011）也支持这种做法，他们将投资于企业IPO之前的资本，且通过IPO在公开市场退出获得回报的资本，均称为风险投资，而不去区别其投资机构的名称[①]。

基于风险投资的内涵，本书认为风险投资有以下八个特征（见图3-1）。

第一，风险投资是一种私募投资。风险投资的私募性体现在两个方面：其

---

① 目前，我国理论界定义风险投资大多基于投资业务，而不是投资机构，因此一些私募股权投资机构的风险投资业务也属于风险投资的研究范围。

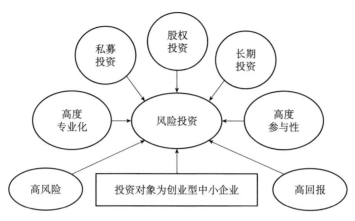

图 3 - 1　风险投资的特征

一，风险投资通过私募的形式来募集资金。具体而言，风险投资机构是普通合伙人（general partner，GP），他们成立基金，以私募（不公开）的方式从其他机构投资者，或者拥有大额资金的投资者手中募集资金，这些投资者是有限合伙人（limited partner，LP），他们将资金交给风险投资机构管理，本身不参与投资决策。其二，风险投资通过私募的形式来投资企业。一般来说，企业募集资金的方式有两种，一种是在公开市场发行股票和债券，另一种是在非正式市场以非公开的方式募集资金。企业在接受风险投资机构投资时，一般采取第二种形式。因此，风险投资在募资和投资时，均采取私下募集的形式。

第二，风险投资是一种股权投资。风险投资机构一般采取股权投资的形式进入被投资公司。根据私募通数据库（PE data）和国泰安数据库（CSMAR data）显示，已实现 IPO 的企业中约有 30% 公司存在风险投资股东，这些风险投资股东约占有被投资公司 3%～20% 的股权，大多跻身上市公司前十大（流通）股东之列，有的甚至仅次于第一大股东持股。需要注意的是，"股权投资"是风险投资的一种投资方式，但并不是风险投资的界定标准。有的时候，风险投资也会使用一些具有股权特征的其他金融工具进行投资，例如可转换债券。但是，与商业银行等传统债权人不同，风险投资机构进行债权投资，更多的是避免风险，而不是单纯地获得利息收入。

第三，风险投资是一种长期投资。风险投资机构的投资具有长期性，该特征体现在风险投资机构大多在被投资企业处于创业初期就进行投资，由图 3 - 2 可见，风险投资阶段贯穿于被投资企业成立到实现 IPO 的整个过程。该过程平均 5 年左右，最长的可以达到 10 年以上，最短的也有 3 年①。因此，风险投资是一种长期投资，这要求风险投资基金具有较高的抗风险能力以及较好的资金稳定性，而且基金的投资者（LP）不能频繁地投入和退出。事实上，风险投资基金的契约条款中一般规定了不短的封闭期，在此期间内，风险投资基金的投资者无法赎回资金，也无法追加投资，这就使基金投资者在相当长的一段时间内缺乏流动性。

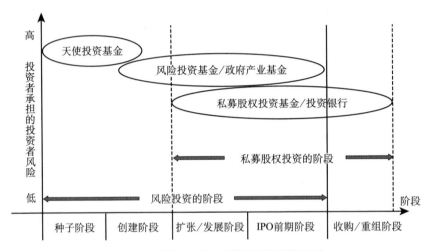

图 3 - 2　风险投资与私募股权投资的区别

资料来源：M·黑米格. 风险投资国际化［M］. 上海：复旦大学出版社，2005.

第四，风险投资以创业期的中小企业为投资对象。风险投资的产生原因和发展历史，决定了其投资对象为创业型中小企业。处于初创期的公司，往往具有经营不确定性和盈利缺乏性，此时商业银行等金融中介机构，无法评价其商业模式和还款能力，因而不愿意对其进行贷款。然而，世界范围内，所有大型公司，尤其是高科技公司，均是由创业型中小企业演变而来，如果这些企业不能在早期（或种子期）获得投资，那么他们所研发的产品就将面临夭折的命运。为了满足这些创业型公司的资金需求，风险投资便应运而生。风险投资主要关注被投资公司的成长性和创新性，不太关注其暂时性的亏损和流动性

---

①　有一些风险投资机构存在突击入股现象，即在目标投资公司即将实现 IPO 之前购入股权。此种现象较为特殊，属于风险投资行业中的个别案例，不具有普遍性。

缺乏。

第五，风险投资是一种高度专业化的投资。风险投资的投资对象决定了其投资必须具备高度的专业化。由于风险投资的投资对象是创业型中小企业，无法用传统的财务指标来评价其经营业绩，只能通过专业化模型和前瞻性来预测其成长能力和产品的创新性，这就要求风险投资机构在决策时，不仅要有高度的财务专业性，还要有相关行业资深经验，能够判断被投资公司的产品竞争度和市场接受度，而且对宏观经济环境也要有足够的认知。因此，风险投资人（venture capitalist）大多具备财务、技术、行业知识，而且在投资领域形成关系网络，同时，在投资决策时，风险投资机构大多团队合作，共同分析和判断风险。在整个过程中，专业化、程序化和模型化是显著特征，所以，风险投资机构大多具有行业导向性，即不同的机构（或基金）投资方向不同。

第六，风险投资具有高度参与性。风险投资是积极的投资者，几乎参与被投资公司经营管理每一个方面。已有文献证明风险投资不仅仅是一个资金的提供者，也是一个商业资源和增值服务的提供者（Amornsiripanitch et al.，2019；Gompers et al.，2021）。风险投资机构大多向被投资机构派驻董事，有的甚至向他们推荐合适的财务人员、技术人员以及管理人员。这些人员代表风险投资机构的利益，但是也为被投资公司成长和价值增值作出贡献。事实上，风险投资和被投资企业在很大程度上具有一致性目标：实现企业价值增长。但创业型公司管理者，可能缺乏必要的商业知识和经验，尤其是管理者是初次创业的，在这个时候，风险投资参与管理就很有必要，他们的专业能力能够帮助创业型公司渡过初创期的难关。

第七，风险投资是一种高风险投资。风险投资的高风险性主要体现在以下两个方面：一是风险投资的投资对象是创业型公司，这些企业的失败率高达 90%，即使在风险投资精挑细选、严格风控的管理下，它们的失败率依然是 70%（Metrick and Yasuda，2011），如此高的失败率，意味着风险投资投出去的钱很多都无法收回；二是创业型公司信息不透明，即使风险投资人高度参与被投资公司的经营管理过程，但是他们依然无法完全控制创业者行为，尤其是高科技创业公司，这些公司的产品由于处于技术前沿，风险投资人也无法准确把握其市场前景，此时创业者的意愿就处于主导地位，如果其有私利倾向，隐瞒产品的风险因素，那么风险投资机构的投资就暴露在高风险中。

第八，风险投资是一种高回报投资。与高风险性相对应，风险投资也是一种高回报、高收益的投资。虽然创业型公司具有很高的不确定性和失败率，但是其一旦创业成功，实现了资本市场并购或是首次公开发行（即IPO），那么风险投资机构就能获得巨大的退出收益。根据私募通数据库统计显示，中国资本市场上的风险投资机构，在被投资公司IPO时，一般最低能获得2~3倍的投资收益，多的能获得10余倍，甚至20倍以上的投资收益。投资回报一般与风险投资进入企业的时间长短成正比，那些获得20多倍投资收益的机构，一般在被投资公司处于种子期就进入了，并且随着该公司的不断发展，持续追加投资，才能得到如此高的回报。在美国资本市场，风险投资获得的回报更高，如红杉资本投资Yahoo公司获得超过200倍的投资回报，勒纳等（2012）描述，美国风险投资的平均收益率在30%以上，正是这种巨额投资回报，才使风险投资甘愿承担巨大的风险。

总结：基于风险投资国内的定义和特征，本书认为风险投资是一种以创业型公司为投资对象，以私募股权方式进行长期投资的金融机构，该种投资具有高度专业化和高度参与性特征，追求高风险、高回报的退出收益。

3.2 风险投资运作的基本原理

3.2.1 风险投资运作的载体——风险投资基金

风险投资机构的组织形式大致可以分为三类，即公司制（corporation）、有限合伙制（limited partnership）以及信托制（unit trust）。自1969年第一家风险投资机构采用有限合伙制以来，80%的美国风险投资机构均采用有限合伙制度组建，其原因是该组织方式能够获得税收上的优惠，也能适应风险投资资金运用的灵活性（张陆洋，2020）。相似地，我国的风险投资机构也大多采用有限合伙制，少部分采用公司制。

无论是哪种方式组建的风险投资机构，真正进行投资的载体是"风险投资基金"。风险投资基金与其他金融机构（如公募基金、保险、银行、财务公司等）设立的基金相似，均是集合投资工具（collective investment vehicles）或称集合投资计划（collective investment scheme），一般有两个或两个以上的投资者按照集合投资方式，共同组建成立。与公募基金不同，风险投资基金大多采取私募的方式①，其募集对象主要有：富有的个人、政府产业基金、企业设立的投资基金、机构投资者、商业银行以及境外投资者。这些投资者无一例外都具备雄厚的资金基础，能够承担较高的风险，并进行长期投资。

通常来说，风险投资基金是 GP，募集对象即出资人是 LP，很多时候，风险投资机构也会投入自身资金，以赢得 LP 的信任。基金通过"契约"来规定 GP 和 LP 的权利和义务，此时，LP 作为委托人，在有限责任状态下，无法积极介入基金管理，他们会担心作为代理人的 GP 是否尽责。因此，风险投资基金的委托代理问题显著。LP 会在契约中约束 GP 的投资行为和投资范围，也会采取激励措施，来鼓励 GP 与自身达成利益一致性。同时，GP 为了自身的声誉（reputation），会尽可能地最大化基金投资收益。在这个过程中，"信任"和"尽责"是最重要的一环。

风险投资基金按照存续时间，可以分为两类：一类是固定期限基金，另一类是无限期基金，即长青基金（evergreen fund）。由于风险投资机构大多采用有限合伙制，因此其管理的基金具有固定的存续期限，它们会在成立的时候约定时间，到期则进行清算，将基金按照投资比例返回投资人；而公司制的基金则大多数是无限期基金，这些基金可以滚动资金，因而有较长的投资期限。此外，风险投资基金也可以按照投资对象所处的阶段，分为种子期基金、创业期基金和成长期基金，不同的基金专注不同阶段的创业型公司。

风险投资运作采用基金作为载体，主要有以下的特点和作用：第一，集合出资提高了基金的资金规模。基金可以从众多投资者手中积聚资金，摆脱了单一投资人投资能力的限制，可以将众人的资金集合起来，进行大规模投资。第二，组合投资分散了投资风险。基金可以采取组合投资的方式，将资金分散在多个投资标的上，这样就有效地降低了风险投资的高风险性，可以在多个投资项目中实现几个项目的盈利，用较高的利润弥补有限的损失。第三，专业化和机构化提高了投资效率。基金投资是团队行为，这样的团队可以汇集技术、财务以及多领域人才，这些人拥有丰富的专业知识和投资经验，可以进行集中化、模型化管理，从

---

① 我国资本市场上也存在公募的风险投资，但是数量非常少，而且对投资人的风险承担能力和资金量都有较高的要求。

而大大提高投资效率。

风险投资机构的组织架构如图 3 - 3 所示。

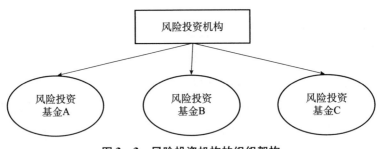

图 3 - 3　风险投资机构的组织架构

3.2.2　风险投资运作的主体——风险投资人

风险投资人，亦称风险投资家（venture capitalist），是风险投资基金的管理者，也是风险投资决策的实行者。在有限合伙制风险投资机构中，风险投资人一般担任普通合伙人；而在公司制风险投资机构中，风险投资人一般是公司的高级经理人。在风险投资基金运作中，风险投资人居于关键地位，一个基金是否能够获得丰厚回报，全凭风险投资人的投资经验和管理决策。因此，风险投资人是风险投资机构的重要人力资本，其作用是创造投资收益，并尽可能降低投资风险。

风险投资人的职责主要有以下四个方面：第一，组建风险投资基金。在进行风险投资之前，风险投资人先要向可能的 LP 去募集资金。这是风险投资运作的前提，没有 LP 的投资，任何投资策略都无用武之地，任何投资机会也不能把握。因此，能否组建一支风险投资基金，是一个人能否成为风险投资人的关键。只有在金融领域有足够威望的人，才有希望得到众多 LP 的认可，从而组建风险投资基金。第二，制订投资策略和寻找投资机会。在风险投资基金组建后，风险投资人就会根据自己的投资所长，制订该基金的投资策略，比如医药基金就是专注于制药方面的创业型公司投资，高科技基金就是专注于高技术类创业型公司的投资。制订好策略后，风险投资人就会带领团队进行实地考察，进而发现可投资对象，即投资机会，在尽职调查后，就可以签订投资合同，实现投资。第三，投后管理和提供增值服务。风险投资不同于其他机构投资者的重要一环，就是风险投资人深度参与创业型公司的经营管理。由于创业型公司在经营、管理和资金方面都比较薄弱，不仅需要风险投资人注入的资金，而且需要风险投资人提供的各种管理和融资帮助，因此，风险投资人或是自己，或是委派合适的人员，进入创业型公司，帮助公司创始人进行初期的人事、财务甚至供销渠道的搭建工作。第四，风险投资基金组合管理。风险投资人还需要定期调整所管理的基金组合，如果组合中有一些公司经营业绩不佳，或是不能达到投资预期，风险投资人就会剔除该公司，转而将资金投入到其他更好的投资对象中。或者，某些投资对象已经实现了 IPO 或者并购交易，风险投资人也会将投入的资金退出，转而投资其他的创业型公司。

风险投资人的职责如图 3 - 4 所示。

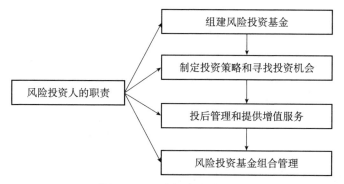

图 3 - 4　风险投资人的职责

风险投资人的知识、经验和能力决定了风险投资基金是否能够取得成功。一般来说，风险投资人需要有技术、商业和相关行业背景知识，需要在投资领域和企业经营管理方面有多年的从业经验，有的甚至要有创业经验，或是技术研发经验。这些知识和经验直接影响风险投资人在甄选投资项目，辨别创业型公司盈利前景的能力。风险投资人需要准确对投资对象进行估值，并且能够见微知著，准确预测其未来发展，而且还要具有高超的投资谈判能力，能够以较低的价格买下尽可能多的股权。

3.2.3　风险投资运作的阶段

依据上述风险投资基金和风险投资人的分析，本书认为风险投资的运作可以分为四个阶段，即融资阶段、投资阶段、管理阶段和退出阶段。

1. 融资阶段。融资阶段即风险投资基金的组建阶段，在这一阶段中，风险投资人的筹资能力最为重要。风险投资基金募集是风险投资运作过程的起点，风险投资人需要以自己的过往经历和人脉关系，向投资者募集资金，由于风险投资长期性和高风险的特性，资金募集对象大多是富裕阶层和机构投资者，募集方式大多采取私募的形式，即风险投资人与投资对象进行"点对点"谈判，以取得他们的信任和认可。当资金足够多时，风险投资基金就可以成立，相应地，基金管理契约也开始执行。风险投资人会根据需要建立风险投资团队，该团队可能会包括技术、财务、行业和投资领域的人才，这些人才大多接受过良好的教育，具有较高的学历和丰富的经验知识。当基金和团队就位后，风险投资的融资阶段宣告结束。

2. 投资阶段。投资阶段是风险投资运作中最复杂的一环。在这一阶段中，风险投资人将要带领团队进行创业型公司考察，考察对象的来源有第三方机构（中介机构）推荐或创业型公司自荐。风险投资团队会根据项目书筛选出最有前景的项目，然后进行尽职调查，调查方式多种多样，比较常见的有管理层面谈、厂区参观、商业数据搜集等。尽职调查不是一次性完成，而是在一段时间内，多次考察，反复评估，以求得到投资对象尽可能多的信息。如果创业型公司通过了风险投资的尽职调查，那么后面就是企业价值评估和交易结构设计，即投资双方讨价还价，以确定投资的股份比例和股票价格。如果双方能够谈妥交易条件，就可以签署投资协议，实现交易。如果双方不认可交易条件，那么风险投资基金还要继续寻找投资标的，这一过程是复杂而艰苦的。

3. 管理阶段。在投资阶段结束后，风险投资机构并不会放松对投资对象的监控。由于风险投资的对象是创业型公司，它们具有信息不透明和经营管理不成熟的特点，风险投资人带领投资团队必须经常监督被投资企业的经验，在他们出现困难时，尽可能地提供帮助。"深度参与管理"是风险投资不同于其他机构投资者的重要一点。风险投资希望通过"价值增值"来实现投资收益，而不是像公募基金那样，通过交易来实现收益。因此，风险投资人会向创业型公司提供增值服务，包括但不限于提供供销渠道、借贷资金、技术专家、财务专家、上市辅导等，以促进创业型公司的快速发展和价值增值。风险投资人一般会受聘于被投资企业的董事会，成为大股东代表董事，参与公司的重大经营决策，监督创业者的经营管理行为。

4. 退出阶段。风险投资运作过程的最后一个阶段是投资资金的退出，这是检验风险投资是否盈利的阶段。风险投资退出方式一般有五种：IPO、并购、转卖、回购和清算。风险投资机构最理想的退出方式是 IPO，以中国资本市场为例，风险投资通过 IPO 退出最低可以获得 2~3 倍的投资收益，最高则上不封底，十多、二十多倍的投资回报也不鲜见。并购和转卖退出的获利则会低于 IPO 退出，这种方式通常运用于被投资公司长期无法获得上市资格，而风险投资基金找到更好的投资机会时。回购则是风险投资机构按照投资契约条款，在被投资公司无法实现最低盈利时的无奈之举，此种条款是风险投资基金为了保护自身资金安全所设立。如果被投资公司经营失败，风险投资的资金还会面临清算风险，此时风险投资很有可能损失资金，甚至血本无归。

风险投资的运作过程如图 3-5 所示。

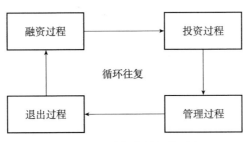

图 3-5 风险投资的运作过程

3.2.4 风险投资的商业模式

风险投资所取得的高额投资回报源于其特有的商业模式，归结起来主要有以下三点。

第一，通过企业价值增长获得投资收益。与传统的机构投资者通过"交易"获取收益不同，风险投资基金通过"价值增值"来获取投资收益。依据风险投资的特征和运作过程，风险投资寻找创业型公司进行投资，这些公司价值较低，甚至没有价值，需要通过成长来获得价值增值。这与传统的投资理念，即寻找低估值的公司不同，风险投资注资的公司，不是价值被低估，而是价值本来就低，需要经过成长和扩张来增加其价值。例如，Facebook 公司刚刚成立时，处于亏损状态，只有不断增长的用户，Accel Partners 的合伙人吉姆·布雷耶（Jim Breyer）正是看到了这一点，并相信大规模的用户会带来巨额收益，才用 1 270 万美金买下 Facebook 的 11% 股权，为 Facebook 进一步发展注入资金，到 2012 年，该股权已经价值 50 亿美元，这些巨额的增值，来自 Facebook 经营业务的拓展、利润的增长，而不是价值回归。由此可见，风险投资的获利模式是被投资公司快速增长所带来的资本增值收益，这种收益可以通过 IPO 或是并购实现。

第二，通过价值创造获得投资收益。价值创造是风险投资不同于其他机构投资者的最重要一点。风险投资具有价值创造功能，该功能体现在风险投资并不是消极投资者，也不常采取"用脚投票"方式，而是一类积极投资者（或积极股东），很多时候，他们的代表（风险投资人或其团队成员）会进入被投资公司，参与其经营管理，用自身的商业知识和经验，帮助被投资公司进行管理工作，这些工作涉及专业人员招募、组织结构设计，甚至技术创新、供销渠道拓展以及资金筹集等。风险投资作为股东，也会监督约束创业者，"用手投票"制止他们的私利行为。这些投后管理或增值服务可以显著地提高创业型公司的价值创造能力，促进其快速发展和经营业绩的提升，进而获得投资股权的增值，为自身退出并获得高额回报奠定基础。由此可见，风险投资获得投资收益，是参与被投资公司的经营管理过程，帮助其进行价值创造，而不仅仅是消极等待股价上涨。

第三，通过风险与收益的配比来获得投资收益。毋庸置疑，风险投资是一种高风险的投资活动。其高风险性体现在被投资公司资产低，盈利差以及发展前景不确定。这需要风险投资人具有丰富的投资知识和高超的前瞻性，能够合理准确地估计创业型公司的产品价值以及市场前景。显然，风险投资进入得越早，创业型公司发展的风险就越大，相对地，投入的资金就会越低，可能获得的收益就会越高；如果能够看清创业型公司发展前景，并能确定其获利模式，风险投资再想进入这样的公司，就要投入大量的资金，从而压缩退出收益。因此，风险与收益的权衡，就是风险投资进入时机的重要考量因素。一般来说，优秀的风险投资人不会投资那些风险小但能带来稳定低利润的公司，他们会选择那些可能改变市场，或是消费模式的公司，如苹果、阿里巴巴和 Facebook 等公司。这些公司在成立之初，很少有人能够预见他们今日的成功，而一些优秀的风险投资人就能敏锐地发现他们的价值，提早以较低的价格购入，承担一定的风险，最终获得巨额投资回报。

总结：风险投资的运作是一个融资、投资、管理和退出的循环过程，它以风险投资基金为载体，以风险投资人为主导，通过价值增长、价值创造以及风险和收益的权衡来创造投资收益。

3.3　风险投资的投后管理

3.3.1　投后管理概述

风险投资机构介入创业型公司的经营管理,是风险投资区别于其他机构投资者的重要标志之一。研究发现,风险投资人在投资后大约花费 60% 的时间参与被投资公司的管理(Gorman and Sahlman,1989)。在美国资本市场上,风险投资人会花费大量时间监督被投资公司的经营过程(Amornsiripanitch et al.,2019)。在我国风险投资行业中,资深投资人也崇信项目盈利"三分靠选择,七分靠管理"。例如,吴超鹏(2012)等发现风险投资的加入不仅可以抑制上市公司的自由现金流过度投资,还可以增加其短期有息债务融资和外部权益融资,并在一定程度上缓解因现金流短缺所导致的投资不足问题;冯慧群(2016)发现风险投资支持的创业型公司,在 IPO 时有更低的折价率,能够提高公司的价值。据此看来,无论是实践界还是理论界,均认为风险投资的投后管理活动具有重要意义。

一般来讲,风险投资以股权投资的形式进入创业型公司,其影响会通过股东大会、董事会或者直接介入等方式体现出来,参与人即是风险投资人及其团队。风险投资人对被投资公司的影响程度由其自身特征和投资策略决定,但是研究发现,风险投资人也会根据投资阶段、持有股份数量、投资所在行业以及介入公司的运行状况不同而有所差别(刘曼红等,2018)。首先,投资阶段的影响。如果风险投资机构投资的是种子期或创建期(见图 3-2)的公司,那么风险投资人的介入程度会比较深入。这是因为创业初期,创业者一般缺乏管理经验,各种组织机构不健全,行业网络关系也没有建立,此时风险投资人的专业知识、行业经验和商业网络就显得很重要,而随着创业型公司成长,各项制度趋于完备,行业地位逐渐稳定,风险投资人的作用就会减小。其次,持有股份数量的影响。显然,持有股份数量较多的风险投资人,由于投入较多,利益关系重大,其对创业型公司的介入就会较多,相反,持股数量较少的风险投资人,由于利益联系较少,可能会降低对被投资公司的介入。再次,投资所在行业的影响。一般来说,风险投资人的介入程度与行业的不确定性正相关。如果是高新技术行业,风险投资人的介入就会增加，而一些商业模式比较稳定的行业，风险投资人的介入就会降低。此外，风险投资人会尽量选择自己熟悉的行业进行投资，以发挥自身的行业优势，帮助创业型公司尽快建立行业竞争地位。最后，介入公司的运行状况。风险投资人会在被投资公司经营出现困难时增加介入程度，以帮助这些企业渡过难关，或者在必要的时候，启动投资保护条款，保证自己的资金安全，相反，若是创业型公司运行状况良好，风险投资人可能会保持观望，减少介入程度。风险投资介入程度的影响因素如图 3 - 6 所示。

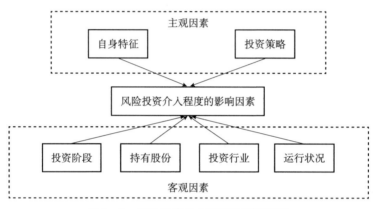

图 3 - 6　风险投资介入程度的影响因素

风险投资的投后管理活动对创业型公司的发展和成功具有非常重要的作用，具体可以体现在以下几个方面：一是减少不确定性。创业型公司发展具有较大的不确定性，原因是创业者大多缺乏商业运作方面的经验，例如一些初次创业的创始人，普遍缺少企业管理经验，而一些技术性创始人，则缺乏商业知识，这些都会导致创业失败，具备丰富商业实践经历的风险投资人则恰好能够弥补这些缺陷，降低创业型企业的不确定性。二是监督创业者行为，降低信息不对称性，减少委托代理问题。风险投资人介入创业型公司，能够较好地监督创业者行为，降低创业者和投资人之间的信息不对称，在高科技行业尤为重要，因为一些新技术产品，只有发明者清楚其产品特性和运行原理，如果风险投资人放松监管，创业者就有可能存在道德风险，进而产生委托代理问题。三是帮助被投资公司渡过难关，促进其快速成长。风险投资人的参与可以为被投资公司带来管理经验和商业资源，这些能够促进创业型公司快速成长。研究发现，风险投资人的投后管理活动与被投资公司的经营业绩存在正相关（Hellmann and Puri，2000）。在创业型公司经营出现危机时，风险投资人也能够利用自身的社会网络关系，帮助其解决困难，扭转经营颓势，促进其走上健康发展道路。

3.3.2　风险投资是一类积极的大股东

股东积极主义（shareholder activism）是近 30 年形成的一股潮流，起因是机构投资者的力量增强。20 世纪初，伯利和米恩斯（1932）提出了大型上市公司存在所有权与控制权分离的现象，从而产生了委托代理问题（Fama and Jensen，1983）。拥有控制权的公司内部人，可能会产生道德风险，侵害作为投资人的股东利益。传统的公司治理理论认为，股东可以采取"用脚投票"的方式来抛弃经营不善的公司，从而抑制管理层的私利行为（Shleifer and Vishny，1997）。然而，随着资本市场的发展，机构投资者的资金规模不断扩大，持股比例也在不断提高，如果还遵循以往的"用脚投票"原则，那么在抛出股票的时候，势必引起资本市场动荡，进而降低股票价格，带来巨额退出损失。因此，加利福尼亚州公共雇员养老基金（California Public Employees Retirement System，CalPERS）等机构投资者最先开始转变投资策略，积极参与被投资公司治理，采用"用手投票"策略，监督并约束内部经理人员的经营过程。自此以往，股东积极主义逐渐在大型机构投资者中流行。

不过，机构投资者实施股东积极主义要付出不低的成本，例如，监督和收集信息的人力和物力资金。高成本抑制了资本市场上大多数机构投资者进行股东积极主义的意愿，他们更愿意"搭便车"，跟随进行积极监督的股东获取收益，或者干脆恢复以往的"用脚投票"策略，以便降低投资成本。只有那些资金雄厚、注重长期投资的机构投资者，才会青睐股东积极主义。风险投资就是这样一类机构投资者。他们的投资对象决定了他们必须进行长期投资，而且较低的流动性也抑制了他们"用脚投票"的选择，因此，风险投资机构是股东积极主义的最积极践行者。他们为了保证资金安全，获取高额投资回报，最佳的选择是参与被投资公司的经营管理，监督其管理者的经营过程，为他们提供各种商业、技术和财务援助，促进其公司价值的提升，进而获得投资资本的增值。

企业的所有权可以分为剩余索取权（residual claim right）和剩余控制权（residual rights of control）。作为创业型公司的股东，风险投资因为购入股权而相应地拥有所有权，卡普兰和斯特隆伯格（kaplan and stomberg，2001）以 1987 ~

1999 年美国 14 家风险投资机构以 118 家创业型公司的 200 轮风险投资业务为样本，统计发现，这些企业的剩余索取权与控制权往往是分离的。创业者常常获得较多的股权，而风险投资机构获得了相对于其股权比例而言更多的控制权。即风险投资根据注资条款，具有高于其剩余索取权的剩余控制权，例如，投票权、清算权和投资权。也就是说风险投资在创业型公司中拥有更多的决策权，这为风险投资机构进行股东积极主义提供了必要条件。胡海峰和胡吉亚（2019）认为，创业型企业的剩余控制权是状态依存（State-continent）的，随着企业绩效不断提高，创业者可以要求更多的控制权，而风险投资人除了保留剩余索取权，可以逐渐将控制权转移给创业者，实现创业者剩余索取权和剩余控制权平衡。由此可见，风险投资的股东积极主义行为是状态依存的，会随着创业型公司的成长而不断降低。

风险投资作为积极股东，主要进行以下工作：第一，收集和分析信息。及时且全面地获取被投资公司的各方面信息是风险投资股东有效监督的重要前提。通过收集和分析创业型公司的信息，风险投资可以了解其经营和财务状况，减少信息不对称，及时发现企业运作中出现的问题和经营中潜在的风险，从而能够及时采取相应的措施来避免经营危机的发生，保证投资的安全。第二，监督并控制创业者的经营管理过程。这是风险投资投后管理的一项重要内容。风险投资在注资前，一般会要求被投资公司出具一份企业未来经营发展计划，并明确在融资后需要实现的阶段性目标。风险投资人会以此为依据，密切关注创业者是否按照该计划进行经营，当然，创业者可以根据具体情况作出调整，但是必须征得风险投资人的同意，如果风险投资人不认可，他就可以依照契约行使权利，拒绝创业者偏离融资计划的行为。风险投资人的监控涉及创业型公司的方方面面，尤其以财务监控为主，他会定期查看公司的财务报表，甚至委托注册会计师事务所进行审计，以保证公司合理地支配资金。第三，危机管理。在创业型公司经营遇到困难或危机时，风险投资人会更加积极地介入经营管理活动。他们会动用自身的知识经验和社会网络来帮助被投资公司，倘若此种方法依旧不能改变经营颓势，那么风险投资将会依据投资协议赋予的权力，更换公司的首席执行官（CEO），重组管理层。如果新的管理者依然不能挽救公司经营业绩，那么风险投资人会要求创业型公司进行股票回购，甚至强制清算，以将投入资金的损失控制到最低。

3.3.3　董事会——投后管理的机构

董事会的职责是代表股东监督管理层的经营活动，或者说，企业的日常运营就是管理层执行董事会决策的过程。董事会成员（即董事）通过投票来决定某一项管理层提议是否执行。这些提议涉及公司筹资、投资和战略选择，如果公司经营不善，董事也会通过投票来决定是否更换 CEO（或整个管理层）。因此，董事会是股东会的权力执行机关，代表并维护股东的权利。在所有权与控制权分离的现代公司制度下，董事会是公司治理的核心（李维安，2020），肩负着监督约束管理层私利行为的责任，也具有保护中小投资者的使命。

风险投资作为一类积极股东，正是通过董事会机制来发挥作用（Lerner，1995）。董事会权利（具体化为董事会席位，或投票权）是作为交易结构的一部分进行谈判的。传统的公司决策制度是"一股一票"，但是风险投资可以通过谈判，获得多于其股权的投票权，即风险投资往往具有超额控制权，这对于风险投资保护自身资金安全是至关重要的。董事会组成是创业者和风险投资人讨价还价的结果，双方的相对力量和声誉会影响结果（Baker and Gompers，2003）。一个在资本市场上有威望的风险投资人会在创业型公司的董事会上居于主导地位，甚至左右 CEO（或创业者）的决策；而一个技术专家或明星创业者会压制风险投资人，组建听从于自己的董事会。此外，在创业型公司早期，风险投资人一般会更加积极地参加董事会决策，而在创业型公司步入正轨后，风险投资人会从董事会逐渐淡出。由此可见，风险投资的董事会权力是状态依存的。

风险投资在注资后，通常会派出一名本机构的成员作为被投资公司的董事。这个人往往是负责该项目的风险投资人本身，但有的时候也可能是项目组成员（如风险投资人过于繁忙，或受限于某些因素，无法成为董事）。这位董事完全为风险投资机构的利益服务，是风险投资股东在创业型公司的利益代表，不关心其他股东的盈亏得失，当机构利益与其他股东存在冲突时，会行使董事权利维护机构利益。风险投资董事的权利有如下内容：审查和评价公司的财务状况；考核管理团队的经营业绩；审查公司的重大经营和交易事项；评价公司的薪酬制度；协助公司选择会计师事务所、律师事务所和投资银行等中介机构。这些工作并不轻松，需要耗费风险投资董事的大量时间，因此，他会要求创业型公司提供董事薪酬，或是要求风险投资机构增加额外薪酬。

已有的研究发现，风险投资董事与创业型公司的管理者并不是对立的，相反，大多数情况下，两者之间合作愉快。例如，研究发现，有风险投资存在的董事会规模（即董事会人数）会比其他公司小27%，"提供帮助"的董事（如投资顾问、律师或财务人员）少20%，这些角色很可能已经被风险投资董事所替代，所以创业型公司不必再额外聘请专业人员（Baker and Gompers，2003）。风险投资董事会通过监督管理层和向管理层提供建议来增加企业价值（Gorman and Sahlman，1989）。这其实与被投资公司的利益相一致，毕竟创业者创建公司就是为了开展自身的事业，而企业价值的增加正是其事业成功的标志。

创业型公司的成长大多不是一帆风顺的，因此，风险投资机构在注资时非常重视董事会席位分配条款。理论上说，在公司制下，董事是由普通股股东以选举的方式产生的，但是，风险投资可以在投资协议上争取更多的董事会权力，如特殊表决权，或在经营不善时更换CEO的权力。勒纳（1995）认为，更换CEO会让风险投资机构付出很大的代价，这些代价不仅限于资金损失，也可能导致法律诉讼或投资事业停滞。因此，风险投资董事会谨慎选择与CEO发生冲突，他们有时会采取沟通（包括正式的和非正式的）的方式来解决争议，只有在事情无可转圜的情况下，才会采取激烈的对抗。此时，风险投资董事可能会代表机构接管创业型公司，由他聘请更加专业的管理人员。例如，在红杉资本投资思科（Cisco）的案例中，风险投资人唐·瓦伦丁（Don Valentine）就成为董事长，动用权力聘请专业经理人来代替创业者。此外，在存在对赌协议的时候，风险投资董事还可能提出股权转移，或者勒令创业者回购股权，以减少投入资金的损失。

总结：风险投资是一类积极股东，在投资后，会通过董事会机构来行使自身的监督权力，并提供咨询服务，这一过程被称作"投后管理"，是风险投资区别于其他机构投资者的重要特征。

3.4　风险投资的增值服务

创业型公司缺少管理经验和商业资源是导致其失败的重要原因。已有文献（Wright and Robbie，1998；Metrick and Yasuda，2011）发现，风险投资进入创业型公司能够弥补其经营管理和商业网络的不足，这些弥补的措施被统称为"增值服务"。风险投资的增值服务是投后管理中的重要部分，在这里，风险投资不再是创业型公司监督者和制约者，而是他们的服务者和帮助者。增值服务体现的是风险投资与创业型公司的合作，其目标是增加企业价值，促进企业快速健康发展。

一般认为，风险投资的增值服务包括管理咨询服务、人力资源支持、商业资源提供以及后续融资安排，如图 3 - 7 所示。

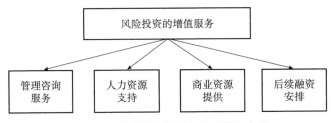

图 3 - 7　风险投资提供的增值服务内容

3.4.1　风险投资的管理咨询服务

创业型公司在初期可能存在各种管理问题和缺陷，其原因主要有三点：第一，创业型公司的管理者大多是初次创业，或是不具备创业成功的经验，他们不会设计有效的组织结构，也不能建立高效的管理机制，无法最优化配置人力和物力资源。第二，创业型公司的管理者可能是技术专家，将大量的时间用于产品创新和技术升级，无暇顾及公司的管理工作，致使公司决策迟缓，错失良机。第三，创业型公司大多存在公司治理问题。例如，存在多位创始人股东的情况下，如果股权和控制权机制没有设计好，那么公司就会出现决策困难的结果，这直接影响公司的成长和发展。

风险投资可以提供管理咨询服务，帮助创业型公司弥补上述缺陷。一般来说，风险投资人能够从事此职业，大多在商界打拼多年，拥有丰富的管理知识和经验，有的甚至本身就是创业者，具备成功创建公司的经历。即使风险投资人管理能力欠缺，他也会招聘具备此种能力的人进入投资团队，帮助他审查和评价目标公司的管理状况，并在投资后进行有效的监督和控制。风险投资人深知创业型公司"管理"的重要性，这是他们投资"价值增值"的一部分，所以，投资团队会尽一切可能优化被投资公司的管理机制，最终实现人员和物资的最优化配置。

风险投资的管理咨询可以归结为以下四点：第一，完善公司治理，这是管理咨询最重要的一环，因为公司治理是管理的基础，没有良好的治理结构和机制，任何管理决策都不能有效作出并执行。完善的公司治理包括但不限于股权、董事会与高管层治理。风险投资会厘清股权所属，打造强有力的董事会，并确保高管层为股东利益服务。第二，建立组织机构，这是管理有效实施的前提，创业型公司大多组织机构不完善，各项管理职能无法顺利实行，风险投资会帮助被投资公司组建人力资源部门、财务部门、销售部门以及规划生产车间，并提出有益的指导和建议，有些管理经验丰富的风险投资人还会亲自上阵，在短时间内进行具体的管理活动，以求创业型公司能够尽快走上正轨。第三，建立激励机制，这是人力资源有效运用的关键。创业型公司往往缺乏科学的激励机制，不是奖励过高，就是奖励不足。风险投资进入后，会帮助被投资公司建立和完善薪酬激励机制，例如，股票期权计划、绩效考核制度等，这些激励机制可以鼓励员工更加努力地工作，为公司创造更多的价值。第四，制定发展战略，这关系到公司未来的成长。战略管理理论认为，正确的战略选择是公司获取竞争优势，实现快速发展的前提（Porter，1985）。创业型公司可能拥有某种创新性的产品和技术，但是管理者可能不知道这些产品和技术如何获得市场的青睐，此时风险投资人可以利用自身的商业知识和经验，帮助被投资公司锁定市场方向，制订正确的发展战略，从而将产品与技术推向市场和消费者。风险投资的管理咨询服务示意图如图 3 - 8 所示。

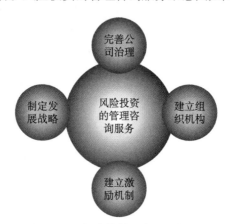

图 3 - 8　风险投资的管理咨询服务示意图

3.4.2　风险投资的人力资源支持

西方风险投资理论认为，风险投资机构（或风险投资人）对企业团队建设和高级管理人员的招聘起到重要作用（Bayar et al.，2020）。欧阳良宜（2020）

也有同样的观点，他认为风险投资人长期扎根于某一特定行业（如 IT 行业），因而具备该行业的良好人脉关系，同时也掌握不少人力资源信息，能够帮助创业型公司招募和整合行业内优质人力资源。

创业型公司成长和发展离不开优秀的人力资源，拥有一支运作技巧高超和管理经验丰富的管理层是其取得商业成功的关键。在公司进入成长和扩张阶段后，风险投资人会非常关注 CEO（一般是创始人）的业绩和表现，如果其不能胜任管理职位，风险投资人就会介入公司管理，并劝说其寻找职业经理人。事实上，风险投资会花费大量时间和精力为被投资公司招募合适的经理人或高级管理人员（王斌，2019）。例如，凯鹏华盈（Kleiner Perkins Caufield Byers）的合伙人约翰·多尔（John Daue）在投资网景公司（Netscape）时，曾经帮助他们招募吉姆·巴克斯代尔（Jim Barksdale）作为 CEO，巴克斯代尔具备丰富的管理经验和优异的管理业绩，曾经在 McCaw 移动通信公司担任 CEO，并促进了 AT&T 与 McCaw 的合并，可以说在巴克斯代尔在高技术领域有多年的经历，具备做好一家本行业公司的知识和经验，因而能够胜任网景公司的管理任务。此外，必要时候，风险投资人还会亲自上马，加盟被投资公司担任管理者甚至 CEO，如华登国际集团的前副总裁茅道临便在华登国际投资新浪后，一度担任新浪的 CEO，帮助新浪在初期做好拓展市场和战略规划的任务。

由于涉及股权冲突与对抗，可能引发投资失败，所以风险投资更换创业型公司 CEO 的情况并不常见（尤其在中国）。但是，风险投资人常常会为其投资的公司配备合适的高级管理人或是具有某方面特长的专家。一般来说，创业型公司的创始人 CEO 往往是技术方面的专家，在公司发展初期，各项管理事务比较简单，他的管理局限性可能看不出来，然而随着公司规模不断扩大，人员不断增多，组织结构日渐繁杂，如果没有足够的管理经验和能力，就无法驾驭公司的扩张和发展，甚至连日常的经营都无法进行，所以具备管理经验的人员在此时便不可或缺。风险投资人会利用自身的商业网络帮助创业型公司招募此类人才，辅助创始人 CEO 进行管理，以便 CEO 有更多的时间进行技术创新。此外，风险投资人还会帮助被投资公司招募具有某方面特长的专家，以为公司拓展某项业务服务，例如，盛大网络集团在美国纳斯达克（Nasdaq）上市之前，风险投资便聘请前微软中国总裁唐骏来处理机构投资者交流事务，从而使公司获得优异的 IPO 表现。再如，IDG 资本（IDG Capital）投资了一家中国创业型公司之后，便为其组建了国际销售团队，成功地帮助其打开了国际业务，使该厂的销售收入和利润大幅度提高。风险投资的人力资源支持示意图如图 3 – 9 所示。

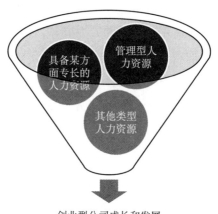

创业型公司成长和发展

图 3 – 9　风险投资的人力资源支持示意图

3.4.3　风险投资的商业资源提供

为了促进创业型公司的成长和发展，风险投资还会为其提供必要的商业资源，主要包括三个方面：寻找合作者；介绍供应商和客户；引入战略投资者。

第一，寻找合作者。合作者对创业型公司的发展非常重要，尤其在高技术领域，一个好的合作者，可以和创业型公司一起开发设计，共享平台，大大减少公司在创业初期的投入。但是，合作者之间建立"信任"与"合作"很困难，需要一个强大的中介进行穿针引线的工作，显然，风险投资以其自身的资源可以很好地胜任。一般来说，风险投资机构（或人）大多专注于投资某一个领域，这样他便能在此领域建立强大的人脉资源和信息资源，从而形成"声誉"，此时，由他主导，将他注资的创业型公司联系在一起，建立战略联盟，就是一件可以实现的事情。创业型公司的战略联盟可以促成公司间合作，减少不必要的竞争，实现优势互补，进而产生协同效应，降低成本，最终达到"共赢"的结果。

第二，介绍供应商和客户。供应商和客户关系创业型公司的生存和发展，可以这么说，如果一个创业型公司没有稳定、低价和优质的供应商，那么他的生产过程就难以保证，也就不要说销售和进一步发展了。而客户更加重要，众所周知，没有客户，就没有收入，更加无法形成利润，创业型公司就难以为继。风险投资在注资前后，都会关注目标公司的产供销情况，没有吸引市场注意力的目标公司根本无法获得资金注入，而风险投资在投资后，会利用自身的行业资源网络，帮助被投资公司进一步打开市场，让更多的客户关注到此产品，从而拓宽销售渠道。同时，风险投资也会为被投资公司介绍合适的供应商，以满足生产不断扩大的要求。最终，风险投资希望创业型公司形成一条稳定高效的供应链，实现产供销资源最优化配置。

第三，引入战略投资者。战略投资者是一类具有优质条件的股权投资者，风险投资是其中的一类，但不是全部，战略投资者还包括一些政府引导资金，大型企业的产业投资，以及信托、证券、银行以及境外投资机构等。战略投资者不仅需要有雄厚的资金，还要有先进的技术和管理经验，能够促进创业型公司产品、产业结构升级，或者开拓某一领域的市场。创业型公司引入战略投资者可以增强核心竞争力和创新能力，对其成长和发展有重要作用。有调查显示，创业型公司在某方面开展业务，引入该方面的战略投资者是必不可少的。然而，创业初期的公司受限于商业资源和信息资源，无法找到可以合作的战略投资者，此时，风险投资就可以利用自身行业优势进行介绍，帮助被投资公司与相关战略投资者进行联系，并促成合作。风险投资的商业资源提供示意图如图 3 – 10 所示。

图 3 – 10 风险投资的商业资源提供示意图

3.4.4 风险投资的后续融资安排

根据 Wind 数据库统计资料显示，风险投资支持的创业型公司中，有 50% 以上需要二轮或多轮融资，也就是说，风险投资介入的公司在其发展过程中往往需要进行多轮融资。对比国泰安数据库（CSMAR）上市公司股东和私募通数据库（PEdata）风险投资事件，可以看出，2003 ~ 2020 年间，约 40% 的上市公司存在风险投资股东，而这其中，约 70% 的公司存在多轮融资①。显然，创业型公司在成长和发展中，资金的持续注入是必不可少的。

鉴于初创企业快速发展需要大量资金，帮助被投资公司安排后续融资便成为风险投资机构所提供的增值服务中的重要内容。风险投资是一类金融机构，天然地在金融行业中具有网络关系，尤其是声誉较高的风险投资，更是在资金供给市场有丰富的人脉和信息资源，能够在创业型公司后续融资中发挥积极的作用。风险投资提供后续融资主要有三种方式：第一种是"追加投资"，即风险投资机构根据被投资公司的资金需求，使用自身旗下的风险投资基金进行多轮融资，这样，我们在创业型公司股东名单中，就可以看到同一风险投资机构下不同的风险投资基金。第二种是引入其他风险投资机构，组成风险投资辛迪加（即 VC Syndicate，又称风险投资联合），这种方式一般在 A 轮融资的风险投资机构资金有限的情况下进行，或者 A 轮风险投资机构有意降低自身投资风险，不愿意将大量资金押注在同一家创业型公司的时候。风险投资辛迪加不仅可以满足创业型公司持续的资金需求，也能增强风险投资股东在创业型公司的"话语权"。事实上，一些知名的公司在成长和发展中，都在某一阶段存在风险投资辛迪加，这也是创业型公司后续融资的主要方式。第三种是引入银行等债权人，风险投资可以利用自身的声誉，为创业型公司做担保，以获得银行等金融中介机构的借款。由于创业型公司大多盈利性差，或是资产微薄，无法通过银行的审查，很多时候无法获得贷款，但是风险投资可以利用自身的金融资源，帮助被投资公司找到合适的贷款机构。这种方式多用于创业型公司和风险投资机构不愿意稀释股权的时候，显然，债权投资不影响控制权的分配，有助于保护已有股东的利益。

总结

风险投资的增值服务是其投后管理的重要内容，与监督和约束不同，增值服务体现了风险投资机构和创业型公司的利益一致性，其主要内容包括管理咨询服务、人力资源支持、商业资源提供以及后续融资安排，这些增值服务的目的是促进创业型公司快速成长和发展，增加其股权价值，以实现风险投资的顺利退出。

---

① 多轮融资有两种情况：一种是同一风险投资机构进行多轮注资，另一种是不同的风险投资机构进行多轮融资。

第4章
风险投资对单一生产要素生产率的影响效应

4.1 引　言

　　创业型公司的成长和发展离不开财务资本与实物资源的双重支持，风险投资已经成为创业型公司生态链中不可或缺的一环。已有的文献显示，风险投资能够提高被投资公司的创新水平（Kortum and Lerner，2000；陈思等，2017）、优化其投融资行为（Suchard，2009；吴超鹏等，2012）以及提高其高管薪酬敏感性（王会娟和张然，2012）。这些方面涉及了创业型公司的技术、资本和人力资源，直接影响其生产效率的提高以及公司价值的增加。因此，我们需要在已有的文献基础上，研究风险投资对技术、资本和人力要素投入—产出的影响，挖掘其作用机制，以便指导实践中的风险投资活动。

　　创新是一个国家经济发展的原动力，也是推动经济社会不断向前的重要力量。党的十八大明确提出要实施创新驱动发展战略，将创新摆在国家发展全局的核心位置，着力构建以企业为主体、市场为导向、产学研相结合的技术创新体系，并强调了风险资本在其中所应发挥的作用（陈思等，2017）。勒纳（Lerner，1995）指出，风险投资是一种与企业技术创新活动更为匹配的资本形态，能够在企业早期的成长和发展中起着重要作用，这是因为：（1）风险投资相比信贷资本，有着更高的风险承担意愿和能力，可以支持创业型公司早期的资本投入和一定时期的亏损，而技术的创新本质上是一个投入的过程（Savaneviciene et al.，2015），它高度依赖资本却不能带来稳定回报，因此，信贷资金不可能投入前景不明朗的创业型公司，而风险投资却能肩负起这种重任。（2）风险投资的增值服务可以为创业型公司提供咨询和建议，帮助其更快、更好地实现技术创新。很多时候，风险投资人本身就是某一方面的技术专家，或者投资了众多同行业的公司，这都可以形成商业共享网络，为创业型公司的创新活动提供技术平台或支持。此外，当下国家在战略层面上对创新的重视必然引起风险投资的重视，因为高创新能力必然带来更高的市场估值，这直接关系到风险投资股权的增值性。所以，风险投资有动机参与被投资公司的研发决策，增加其研发投入，提高其研发投入—产出（即技术要素的投入—产出）的敏感性，最终提升其创新水平，并提高公司价值。

资金是创业型公司的生命源泉，可以说，一个公司能否成长和发展，完全取决于是否有充足的资金用于项目的投入。实践中，大量早期公司因为资金链断裂而破产，这其中不乏具有市场前景的企业。风险投资向创业型公司注入资金，支持其创新和发展，并不是"随意"的，相反，风险投资人会审慎地评估投资项目，并时刻监督和评价被投资公司的资金使用状况，避免创业者无效率或滥用资金。莫迪利亚尼和米勒（Modigliani and Miller，1958）认为，在完美的资本市场中，企业投资决策仅取决于投资机会的盈利能力，而无须考虑金融因素。但是，在现实实践中，代理问题和信息不对称问题的存在，导致公司对资金的使用存在过度投资和投资不足的现象，即无效率投资问题。詹森和梅凯林（Jensen and Meckling，1976）提出，公司管理层可能会攫取股东的利益，从而产生代理问题，导致管理者将自由现金流投资于一些净现值小于0的项目，造成过度投资（Jensen，1986）。显然，风险投资的存在不能允许此类事件的发展，他们会监督被投资公司的资金使用状况，必要时刻，会通过董事会机制来表达自身的意愿，甚至采用契约条款来维护自身的投资利益。研究指出风险投资会通过一系列手段来约束管理者的私利行为，减少代理问题，避免无效率投资决策的出现（Hellmann and Puri，2002）。因此，在风险投资参与的创业型公司中，其自由现金流过度投资会被抑制，以实现资本投入—产出效率。

劳动资源是创业型公司生存和发展的驱动力。胡尔姆斯特伦（Holmstrom，1979）认为最优的薪酬契约应该将员工报酬与公司业绩相关联。与业绩相关的薪酬契约将员工的劳动付出与企业的利益相关联，实现个人利益最大化的同时也实现股东利益最大化，因此薪酬业绩敏感性（pay for performance sensitivity，PPS）是衡量劳动资源投入—产出有效性的重要指标。在公司治理中，确定员工薪酬契约，尤其是管理层薪酬契约，具有重要的意义（李维安，2020）。一个科学有效的薪酬契约能够最大限度调动员工的积极性，使其为股东的利益而努力。研究发现，在风险投资参与的公司中，信息透明度与薪酬业绩敏感性成反比，也就是说在这些公司中，信息不对称度越低，员工的薪酬与业绩的挂钩度越紧密。这说明，风险投资关注被投资公司的劳动资源投入—产出效率，他们希望创业型公司能够给予员工与业绩相关的薪酬，不希望出现无效率（或无业绩）的薪酬投入（Kaplan and Stromberg，2004）。因此，风险投资的存在能够提高被投资公司的薪酬业绩敏感性，继而提升人力资源的投入—产出效率。

综上所述，风险投资为了实现股权投资的增值，成功退出创业型公司，有动机提高被投资公司的要素（包括技术、资本和人力要素）投入—产出效率，进而提升生产率，增加被投资公司的价值。由此，本章提出以下假设：

H：风险投资能够提升技术、资本和人力要素的投入—产出效率。

4.2　研究设计

4.2.1　样本与数据

本章初始研究样本为 2012～2019 年间在 A 股上市的所有上市公司（不包括上市证券交易所科创板的上市公司）。按照已有的研究惯例和本书的研究特点，我们按以下标准对样本进行筛选：（1）剔除金融和公共事业公司，因为金融公司的财务报表有特殊性，而公共事业公司的经营目的有特殊性；（2）剔除 ST 和 *ST 公司，因为这类公司的财务数据不准确；（3）剔除相关数据缺失的公司；（4）为了消除极端值的影响，我们对所有连续变量进行了 1% 和 99% 的 Winsorize 处理。最后我们共得到 3 546 家上市公司共 23 011 个观测值。本章的所有数据均来自国泰安的 CSMAR 数据库以及 Wind 数据库，对于一些不确定的数据，笔者通过企查查和上市公司年报来进行确认。

4.2.2　风险投资的认定和计量

根据张学勇和廖理（2011）的研究，我们将投资于公司 IPO 之前且通过公开市场退出的风险投资（VC）和私募股权投资（PE）均称为风险投资。如果上市公司在 IPO 时披露的股东名单中存在一个及以上上述机构，我们就认定该公司存在风险投资，并在风险投资没有退出的年份取值为 1，否则为 0，形成风险投资

持股变量（VC）。依据实践经验，风险投资机构（包括私募股权投资机构）在
IPO 后向上市公司注资被看作是 PE-pipe 性质，这种类型的持股不属于风险投资
持股。各年份风险投资持股变量的描述性统计如表 4 - 1 所示。

表 4 - 1 风险投资持股变量的描述性统计

年份	存在风险投资的样本数（个）	存在风险投资的样本比例（%）	不存在风险投资的样本数（个）	不存在风险投资的样本比例（%）	总计（个）
2012	312	13.36	2 024	86.64	2 336
2013	219	9.37	2 119	90.63	2 338
2014	192	7.80	2 269	92.20	2 461
2015	270	10.08	2 409	89.92	2 679
2016	323	11.15	2 573	88.85	2 896
2017	523	15.71	2 806	84.29	3 329
2018	501	14.62	2 925	85.38	3 426
2019	463	13.06	3 083	86.94	3 546
总计	2 803	12.18	20 208	87.82	23 011

4.2.3 要素投入—产出效率的计量

本部分依次从技术、资本和人力资源三个方面考察要素投入—产出效率。

首先，技术要素的投入—产出效率。参考荀燕楠和董静（2014）的研究，笔
者使用研发投入强度（研发费用与营业收入之比，R&D）来度量技术要素的投
入；参考陈思等（2017）的研究，使用专利获取量的自然对数（lnPatent）来度
量技术要素的产出。

其次，资本要素的投入—产出效率。参考赵宜一和吕长江（2017）的研究，
笔者使用投资—投资机会敏感度来测量资本要素的投入—产出效率。其中，资本
要素的投入用投资机会（chance）来表示，等于（股票总市值 + 总负债账面价
值）/总资产账面价值；资本要素的产出用企业投资（invest）来表示，等于（购
建固定资产、无形资产和其他长期资产支付的现金 + 取得子公司及其他营业单位
支付的现金净额 - 处置固定资产、无形资产和其他长期资产收回的现金净额 - 处
置子公司及其他营业单位收到的现金净额）/年初总资产（吕长江和张海平，
2011）。

最后，人力资源要素的投入—产出效率。高层管理者劳动要素的投入和产出分别用管理层薪酬和公司绩效来表示。其中，管理层薪酬有两种表示方法：一种是所有高管的薪酬综合取自然对数（lnCompensation），另一种是前三名高管的薪酬取自然对数（lnTop3Compensation），公司绩效用公司当年净利润除以当年末总资产（ROA）来衡量。普通劳动者劳动要素的投入—产出效率使用劳动投资效率（Labor）来衡量，参考 Jung 等（2014）的研究，估计模型如下：

$$\text{Hire}_{i,n} = \beta_0 + \beta_1 \text{SaleGrowth}_{i,n-1} + \beta_2 \text{SaleGrowth}_{i,n} + \beta_3 \text{ROA}_{i,n-1} + \beta_4 \text{ROA}_{i,n} +$$

$$\beta_5 \Delta \text{ROA}_{i,n} + \beta_6 \text{Size}_{i,n-1} + \beta_7 \text{Quick}_{i,n-1} + \beta_8 \text{Quick}_{i,n} + \beta_9 \Delta \text{Quick}_{i,n} +$$

$$\beta_{10} \text{Lev}_{i,n-1} + \varepsilon_{i,n} \tag{4-1}$$

其中，$\text{Hire}_{i,n} = [\text{n 年员工总数} - （\text{n} - 1）\text{年员工总数}] / （\text{n} - 1）\text{年员工总数}$；$\text{SaleGrowth}_{i,n} = [\text{n 年企业经营过程中确认的营业收入} - （\text{n} - 1）\text{年企业经营过程中确认的营业收入}] / （\text{n} - 1）\text{年企业经营过程中确认的营业收入}$；$\text{ROA}_{i,n}$、$\text{Quick}_{i,n}$、$\text{Size}_{i,n}$ 和 $\text{Lev}_{i,n}$ 分别为第 n 年的资产回报率、速动比率、公司规模和资产负债率；残差 $\varepsilon_{i,n}$ 为实际净雇佣人数变动百分比与预期净雇佣人数百分比之差，由于该数值无论正负，都属于劳动非效率，因此，笔者取残差 $\varepsilon_{i,n}$ 的绝对值为劳动非效率变量（AbsHire），该数值越大，表示劳动效率越低。

4.2.4　模型的选择和建立

本章使用以下回归模型来检验风险投资的参与对被投资公司技术、资本和人力资源要素的投入—产出效率：

$$\text{Output}_{i,n} = \alpha_0 + \alpha_1 \text{VC}_{i,n} + \alpha_2 \text{Input}_{i,n} + \alpha_3 \text{VC}_{i,n} \times \text{Input}_{i,n} + \sum \alpha \text{CV} + \varepsilon_{i,n} \tag{4-2}$$

其中，Input 代表技术、资本和劳动要素的投入变量（分别为 R&D，Chance，lnCompensation），Output 代表技术、资本和劳动要素的产出变量（分别为 lnPatent，Invest，ROA），VC 是风险投资持股，$\sum \alpha \text{CV}$ 代表一系列控制变量，参考以往的研究文献（吴超鹏等，2012；王会娟和张然，2012；陈思等，2017），主要包括公司治理（如两职兼任，独立董事比例，第一大股东持股比例）、公司规模（总资产的自然对数）、经营业绩（总资产报酬率）、资产负债率、成长性（托宾Q）、年份和行业等。具体控制变量的计量如表 4 - 2 所示。

表 4 – 2   控制变量定义

变量名称	变量定义	计量方法
Size	公司规模	总资产的自然对数
Lev	资产负债率	年末总负债/年末总资产
ROA	总资产报酬率	年末息税前利润/年末总资产
TobinQ	托宾 Q	年末总市值/年末总资产
Dual	两职兼任	如果董事长与 CEO（或总经理）为一人取 1，反之取 0
Independent	独立董事比例	独立董事人数/董事会规模
Top1	第一大股东持股比例	合并一致行动人的第一大股东持股比例

4.2.5 控制变量的描述性统计

表 4 – 3 列示了本章回归模型（2）所使用的控制变量的描述性统计结果。可以看出，在公司治理变量中，有 28.13% 的样本数据存在董事长与 CEO 两职兼任（即 Dual = 1），独立董事占董事会人数的比例均值为 37.6%，与《公司法》规定的 30% 的独立董事比例接近，该数值最低为 30.8%，符合最低人数要求，最大值为 60.0%，是最低人数要求的两倍，与西方国家董事会独立性状况接近，说明这些年我国董事会治理已经取得不错的成绩。在公司成长变量中，TobinQ 的标准差较大，说明上市公司在成长性方面存在一定的差异。此外，Size 的标准差为 1.297，也说明样本公司在规模方面存在差异。

表 4 – 3   控制变量的描述性统计

变量符号	观测值	均值	中位值	标准差	最小值	最大值
Size	23 011	22.12	21.95	1.297	19.52	26.39
Lev	23 011	0.426	0.412	0.212	0.035	0.925
ROA	23 011	0.038	0.038	0.070	− 0.415	0.222
TobinQ	23 011	2.121	1.634	1.588	0.815	17.68
Dual	23 011	0.281	0.000	0.450	0.000	1.000
Independent	23 011	0.376	0.364	0.054	0.308	0.600
Top1	23 011	0.343	0.322	0.148	0.084	0.758

表 4 – 4 列示了控制变量在有无风险投资参与下的 T 值检验，可以看出，除了第一大股东持股比例（Top1）变量外，其余的控制变量的 T 检验值均在 1% 的水平上显著，这说明有无风险投资参与的上市公司在公司规模（Size）、资产负债率（Lev）、总资产报酬率（ROA），托宾 Q 值（TobinQ）以及公司治理变量

（Dual 和 Independent）上均存在不小的差异，因此控制变量选择适当，可以控制某些公司特征变量在风险投资作用于上市公司要素投入—产出效率时的影响。

表 4 - 4　　　　控制变量在有无风险投资参与下的 T 检验

变量符号	有无风险投资背景样本的平均值				样本均值差异双侧 T 检验
	存在风险投资	观测值	不存在风险投资	观测值	
Size	21. 364	2 803	22. 228	20 208	33. 890 ***
Lev	0. 332	2 803	0. 439	20 208	25. 230 ***
ROA	0. 063	2 803	0. 034	20 208	− 20. 446 ***
TobinQ	1. 970	2 803	2. 141	20 208	5. 331 ***
Dual	0. 447	2 803	0. 258	20 208	− 21. 072 ***
Independent	0. 372	2 803	0. 376	20 208	4. 130 ***
Top1	0. 347	2 803	0. 343	20 208	− 1. 405

注：***、**、*分别表示在1%、5%、10%水平上显著。

4.3　风险投资对技术的影响效应

4.3.1　风险投资对研发投入强度与专利获取量的影响效应

表 4 - 5 显示了风险投资的参与对被投资公司研发投入强度（R&D）和专利获取量（lnPatent）的影响效应。该影响效应的回归模型是普通最小二乘法（OLS）回归，在该模型中，研发投入强度和专利获取量是被解释变量，风险投资（VC）是解释变量，控制变量与模型（2）的控制变量一致。

表 4 - 5　　　　风险投资对研发投入强度与专利获取量的影响效应

变量符号	（1）	（2）	（3）	（4）
	R&D	R&D	lnPatent	lnPatent
VC	0. 011 ***	0. 010 ***	0. 151 ***	0. 102 ***
	(9. 59)	(8. 65)	(10. 43)	(4. 64)
Size		0. 002 ***		0. 541 ***
		(5. 00)		(72. 49)
Lev		− 0. 061 ***		− 0. 477 ***
		(− 27. 35)		(− 11. 01)

续表

变量符号	(1)	(2)	(3)	(4)
	R&D	R&D	lnPatent	lnPatent
ROA		- 0. 088 ***		0. 385 ***
		(- 15. 37)		(3. 42)
TobinQ		0. 003 ***		0. 065 ***
		(10. 22)		(12. 70)
Dual		0. 005 ***		0. 023
		(5. 90)		(1. 45)
Independent		0. 026 ***		0. 303 **
		(4. 02)		(2. 35)
Top1		- 0. 017 ***		- 0. 124 **
		(- 7. 00)		(- 2. 53)
Constant	0. 010 ***	- 0. 013	0. 270 ***	- 11. 369 ***
	(3. 14)	(- 1. 50)	(3. 86)	(- 65. 63)
Industry	YES	YES	YES	YES
Year	YES	YES	YES	YES
Observations	23 011	23 011	23 011	23 011
R-squared	0. 194	0. 234	0. 179	0. 368

注: 括号内的数值表示对应系数的 t 统计量值, *** 、 ** 、 * 分别表示在 1% 、 5% 、 10% 水平上显著。

首先, 笔者将 VC 对 R&D 进行 OLS 回归。由表 4 - 5 的第一列 (1) 可以看出, 风险投资的参与显著提高被投资公司的研发投入强度, 在加入控制变量后, 由表 4 - 5 的第二列 (2) 所示, 风险投资提升研发投入强度的显著性依然存在, 而且是在 1% 的水平上显著, 这说明风险投资的参与, 能够促进被投资公司的研发投入资金支出, 可能的原因有两点: 第一, 风险投资可以给被投资公司带来资金 (无论是风险投资的资金注入, 还是风险投资帮助被投资公司获得的资金注入) 注入, 这些资金可以满足其研究与开发的费用支出; 第二, 风险投资鼓励被投资公司进行创新, 因为风险投资需要获得股权增值, 而股权增值很大程度上来源于公司的创新, 所以, 风险投资的参与可能会促使上市公司的管理层在有限的支出条件下, 增加研究与开发支出。

其次, 笔者将 VC 对 lnPatent 进行 OLS 回归, lnPatent 是上市公司专利获取量的自然对数。由表 4 - 5 的第三列（3）可以看出，风险投资的参与显著提高了上市公司的专利获取量，而且是在 1% 的水平上显著，进一步地，在加入控制变量之后，由表 4 - 5 的第四列（4）显示，风险投资对专利获取量的显著性没有发生变化，依然是在 1% 的水平上显著。这说明，风险投资的参与可以促进被投资公司获取更多的专利（既包括实用型专利，又包括外观设计专利）。专利的获得是一家公司的创新成果，也是这家公司的无形资产，显然，风险投资的加入，可以促进被投资公司创新成果的产出，有利于其创新水平的提升。

综上所述，风险投资的参与可以提高被投资公司的研发投入强度（R&D）和专利获取量（lnPatent）。这说明风险投资具有促进技术要素投入和产出水平的作用。然而，高质量发展需要要素投入—产出具有效率，也就是说人们希望更高的投入，能够获得更高的产出，具体到技术方面，企业应该做到更多的研发投入，获得更多的专利批准，这样才符合技术投入—产出具有效率。在实践中，经常出现这样的情况，有些企业投入了大量的资金进行技术研发，产生了许多的研发费用，但是成效很差，没有取得多少专利产出，那么此时，技术的投入—产出就是无效率的。因此，在研究风险投资对被投资公司创新水平的影响时，需要进一步考察风险投资的存在是否能够促进研发投入强度与专利获取量之间的敏感性，即风险投资能否加强研发投入强度与专利获取量之间的正相关。已有的理论（苟燕楠和董静，2014；陈思等，2017）和实践证实，研发投入强度显著正向影响专利获取量，如果风险投资的存在能够加强这种正向关系，那么就可以说明风险投资增加了技术投入—产出效率，有利于促进被投资公司的创新水平。

4.3.2 风险投资对技术要素投入—产出的影响效应

进一步地，笔者需要研究风险投资的参与对技术要素投入—产出的影响。由表 4 - 6 的第一列（1）可以看出，样本公司中研发投入强度（R&D）和专利获取量（lnPatent）存在非常显著的正相关关系（t 统计量为 24.74），这与以往的理论和实践相一致。为了研究风险投资的加入，在研发投入强度对专利获取量的正影响中发挥何种效应，笔者建立了风险投资变量（VC）与研发投入强度变量（R&D）的交乘项（R&D × VC），将此交乘项对专利获取量（lnPatent）进行回归，如果交乘项的系数显著为正，那么风险投资的加入就能够增强研发投入强度与专利获取量的敏感度。

表 4 - 6 风险投资对技术要素投入—产出的影响效应

变量符号	(1)	(2)	(3)
	lnPatent	lnPatent	lnPatent
R&D	3.148 *** (24.74)	2.056 *** (13.76)	3.028 *** (22.74)
VC		0.360 *** (10.88)	0.022 (0.75)
R&D × VC		0.016 *** (3.75)	0.009 ** (2.47)
Size	0.529 *** (73.60)		0.534 *** (72.49)
Lev	- 0.283 *** (-6.52)		- 0.288 *** (-6.62)
ROA	0.707 *** (6.38)		0.657 *** (5.89)
TobinQ	0.055 *** (10.82)		0.057 *** (11.11)
Dual	0.012 (0.79)		0.007 (0.48)
Indep	0.204 (1.61)		0.222 * (1.74)
Top1	- 0.062 (-1.28)		- 0.064 (-1.34)
Constant	- 11.205 *** (-67.11)	0.249 *** (3.58)	- 11.316 *** (-66.15)
Industry	YES	YES	YES
Year	YES	YES	YES
Observations	23 011	23 011	23 011
R-squared	0.384	0.188	0.384

注：括号内的数值表示对应系数的 t 统计量值，＊＊＊、＊＊、＊分别表示在1%、5%、10%水平上显著。

由表 4 - 6 的第二列（2）可以看出，风险投资变量（VC）与研发投入强度变量（R&D）的交乘项（R&D × VC）系数显著为正（系数的 T 统计量为3.75），这说明风险投资的加入，确实提高了研发投入强度对专利获取量的正影响，即说明了风险投资具有增加被投资公司技术要素投入—产出效率的作用，该作用在增加控制变量之后，依然显著存在。由表 4 – 6 的第（3）列可以看出，R&D × VC 交乘项系数为 0.009，在 5% 的水平上显著，进一步确认了风险投资增强研发投入强度与专利获取量敏感度的作用，说明了风险投资的存在确实提高了被投资公司的技术要素生产效率。

综上所述，风险投资的参与可以增加研发投入强度与专利获取量的正相关关系，由于研发投入强度代表了上市公司的技术投入水平，而专利获取量代表了上市公司的技术产出水平。因此，可以说，风险投资增强了被投资公司技术要素的投入—产出效率。

4.3.3　稳健型检验

为了保证上述研究结果的可靠性，笔者进行了如下一系列稳健性检验。

首先，更换技术产出变量。对于 4.3.1 小节和 4.3.2 小节的专利获取量（lnPatent），笔者使用专利申请量来代替。采用上市公司某一年所有专利（包括实用型和外观设计）申请量的自然对数（lnApply）来表示技术的产出，然后相应地对风险投资变量（VC）进行回归，得到的结果与表 4 – 5 第（3）列和第（4）列的显著性一致，都说明了风险投资的参与提高了以专利申请量为代表的技术产出。同时，将专利申请量与 R&D × VC 交乘项回归，也得到了与表 4 – 6 第（2）列和第（3）列一致的显著性，说明了风险投资增强了研发投入强度对专利申请量的正向关系。

其次，更换技术投入变量。改变研发投入强度（R&D）的度量方法，使用研发费用与总资产的比值来代替，建立新的研发投入强度变量（R&D1）。将 R&D1 代入表 4 – 5 的回归模型，得到与原来的结果一致的答案，即风险投资依然显著正向影响新的研发投入变量。同时，将 R&D1 与风险投资变量进行交乘，代入表 4 – 6 的回归模型 ［即模型（2）］，也得到与原来一致的结果，说明风险投资能够增强新的研发投入强度与技术产出的正相关关系。

最后，使用倾向得分匹配法（propensity score matching，PSM）。笔者使用倾向得分匹配法，将控制变量（见表 4 – 2）相近的有无风险投资参与的上市公司进行配对，形成新的样本数据（一对一匹配，样本量为 5 606），然后重新进行表 4 – 5 和表 4 – 6 的检验，发现原有的结果没有发生变化，风险投资的参与依然显著提高技术投入水平（R&D）和技术产出水平（lnPatent），同样，风险投资与技术投入水平的交乘项（R&D×VC）与技术产出水平也正向相关，与原来的结果一致。

综上所述，在更改了技术产出变量和技术投入变量后，风险投资依然存在提高技术投入—产出效率的作用，并且在使用倾向得分匹配法后，结果依然没有变化，因此，笔者推断表4-5和表4-6得到的结果比较稳健，具有一定的理论和实践指导作用。

4.4 风险投资对资本的影响效应

4.4.1 风险投资对资本要素投入—产出的影响效应

表4-7展示了风险投资持股对资本要素投入—产出的影响效应。其中Chance是上市公司存在的投资机会，因变量Invest代表上市公司的企业投资水平，由第（1）列可以看出，在不加入任何控制变量时，风险投资变量与投资机会变量的交乘项（VC×Chance）在1%的水平上显著正向影响投资水平，说明风险投资的存在能够提升上市公司的投资—投资机会敏感度，即投资效率。为了保证研究结果的稳健性，在第（2）列中，笔者加入了年份和行业控制变量，可以看出，系数大小和显著性没有任何变化。在第（3）列中，笔者继续加入本章的控制变量，然后发现风险投资变量与投资机会变量的交乘项（VC×Chance）依然在1%的水平上显著正向影响投资水平。这说明风险投资持股确实增加了上市公司的资本要素投入—产出效率，进一步证明了本章假设H。

表4-7　　　风险投资对资本要素投入—产出的影响效应

变量符号	(1)	(2)	(3)
	Invest	Invest	Invest
VC	0.006 (1.02)	0.004 (0.60)	0.001 (0.18)
Chance	-0.009*** (-16.00)	-0.010*** (-17.34)	-0.011*** (-8.40)
VC×Chance	0.007*** (2.92)	0.007*** (2.92)	0.006*** (2.77)

续表

变量符号	(1)	(2)	(3)
	Invest	Invest	Invest
Size			0.002***
			(2.75)
Lev			−0.011**
			(−2.03)
ROA			0.104***
			(7.78)
TobinQ			0.002
			(1.62)
Dual			0.009***
			(4.83)
Independent			0.005
			(0.35)
Top1			0.005
			(0.93)
Constant	0.069***	0.094***	0.036*
	(40.42)	(12.59)	(1.71)
Industry	NO	YES	YES
Year	NO	YES	YES
Observations	23 011	23 011	23 011
R-squared	0.015	0.028	0.034

注：括号内的数值表示对应系数的 t 统计量值，***、**、*分别表示在 1%、5%、10% 水平上显著。

已有的文献（吴超鹏等，2011）考察了风险投资的存在对上市公司自由现金流过度投资的影响效应。可以将自由现金流看作是资本投入的替代变量，将过度投资看作是资本产出的替代变量，其中自由现金流（FCF）等于（经营活动产生的现金净流量 – 折旧和摊销 – 预期新增投资）/平均总资产；过度投资（OverInvest）使用（Richardson，2006）、辛清泉等（2007）和肖珉（2010）的方法来计量，具体估计模型如下：

$$\text{Inv}_{i,n} = \beta_0 + \beta_1 Q_{i,n-1} + \beta_2 \text{Lev}_{i,n-1} + \beta_3 \text{Cash}_{i,n-1} + \beta_4 \text{Age}_{i,n-1} + \beta_5 \text{Size}_{i,n-1} +$$
$$\beta_6 \text{Rets}_{i,n-1} + \beta_7 \text{Inv}_{i,n-1} + \text{year} + \text{Industry} + \varepsilon_{i,t} \qquad (4-3)$$

其中，$Inv_{i,n}$ 为上市公司 i 第 n 年的资本投资量；$Q_{i,n-1}$、$Lev_{i,n-1}$、$Cash_{i,n-1}$、$Age_{i,n-1}$、$Size_{i,n-1}$ 和 $Rets_{i,n-1}$ 分别为该公司第 n − 1 年末的托宾 Q 值、资产负债率、货币资金持有量、上市年限、规模和股票收益率；Year 和 Industry 是年份和行业哑变量；残差 $\varepsilon_{i,n}$ 大于 0 的结果为 i 公司在第 n 年的过度投资变量。由于代理问题的存在，上市公司管理层可能会滥用自由现金流进行过度投资。因此建立如下模型进行检验：

$$OverInvest_{i,n} = \beta_0 + \beta_1 FCF_{i,n} + \beta_2 VC_{i,n} \times FCF_{i,n} + \beta_3 VC_{i,n} +$$
$$\beta_4 Control_{i,n} \times FCF_{i,n} + year + Industry + \varepsilon_{i,t} \qquad (4-4)$$

其中，i 和 n 的含义同上，Control 代表一系列控制变量，与 4.2.4 小节中的一致。$FCF_{i,n}$ 取大于 0 的结果。若 $FCF_{i,n}$ 的回归系数 β_1 显著为正，则表示公司存在对自由现金流的过度投资，若 $VC_{i,n}$ 与 $FCF_{i,n}$ 的交乘项系数 β_2 显著为负，则表示有风险投资持股的公司，自由现金流过度投资被抑制，即说明风险投资存在监督作用，可以抑制上市公司管理层将自由现金流进行过度投资。由于吴超鹏等（2011）和徐子尧（2016）均做过此项检验，且检验结果均显示 β_2 显著负向影响 OverInvest，因此，本书不再展示此项检验的结果。根据未披露的实证结果，笔者也得出与吴超鹏等（2011）和徐子尧（2016）一致的结论。这说明风险投资持股可以抑制上市公司自由现金流过度投资，增加其投资效率，提高了其资本要素投入—产出的效率，与采用赵宜一和吕长江（2017）的方法考察投资效率得出的结论一致，可以证明本章的假设 H。

4.4.2 稳健性检验

为了保证本部分结果的稳健性，笔者进行了如下的检验。

第一，内生性检验。风险投资对上市公司资本投入—产出效率的影响可能并不是因为风险投资机构帮助上市公司提高了投资效率，而是投资效率高的上市公司在创业期吸引了风险投资的进入，即存在反向因果的内生性问题。因此，笔者比较了同一家公司在风险投资退出前后的投资效率变化，笔者以在样本期间风险投资实现退出的 1 198 个观测值作为新样本，重新检测风险投资变量（VC）对上市公司资本要素投入（Chance）—产出（Invest）要素的影响效应，发现结果依然稳健。

第二，工具变量检验。卡明和戴（2010）发现风险投资机构倾向于投资本地企业，因为便于监督和减少信息不对称性，即存在本地偏差（Home Bias）。基于此，笔者使用上市公司所在省份的风险投资机构数量的对数作为工具变量，来重新检验风险投资持股对投资效率的影响效应。理论上，工具变量的选择应该满足与自变量相关，而与因变量不相关的原则。显然，由卡明和戴（2010）的研究，风险投资参与倾向与上市公司所在地的风险投资机构正相关，而与该公司的投资决策不相关，因而此工具变量的选择满足标准。在未披露的实证检验结果中，工具变量与风险投资变量显著正相关，并且在 1% 的水平上显著正向影响资本要素的投入—产出效率，进一步证明了本部分结论的稳健性。

第三，配对样本检验（PSM）。对于每一个有风险投资参与的样本观测值，在控制年份、行业和控股股东性质相同的基础上，选择与其控制变量相近的非风险投资参与观测值作为配对样本。根据一对一配对原则，笔者在新的样本中重新对风险投资进行回归，依然得到一致的结果。

第四，投资不足的检验。一些上市公司由于信息不对称问题的存在，导致管理层不愿意对外融资，导致投资不足的结果。据此，笔者使用模型（4－3）的残差 $\varepsilon_{i,n}$ 小于 0 的结果为 i 公司在第 n 年的过度不足变量（UnderInvest），$FCF_{i,n}$ 取小于 0 的结果为现金短缺变量，将其代入模型（4－4），考察风险投资的持股是否能够缓解内部现金流短缺公司的投资不足问题。实证结果显示，上市公司内部资金短缺越严重，投资不足问题就越大，当引入风险投资机构后，风险投资变量（VC）与现金短缺变量（FCF）的交乘项显著负向影响投资不足变量（UnderInvest），这说明风险投资的存在能够在一定程度上改善外部融资环境，缓解融资不足，这与吴超鹏等（2011）的研究结论一致，能够说明风险投资的存在提高了上市公司的投资效率，即增强了其资本要素投入—产出效率。

第五，Change Model 重新检验。借鉴赵宜一和吕长江（2017）的研究，笔者使用 Change Model 重新检验风险投资对上市公司投资—投资机会敏感度的效应，以消除可能的遗漏变量的影响。对于每一个因变量（解释变量和控制变量），作如下变换，取 $\Delta X_n = X_n - X_{n-1}$ 作为 n 年的增量变化，以此抵消一部分不可观测且不易随年度改变的变量导致的内生性问题，检验的结果依然支持 4.4.1 小节的结论。

4.5 风险投资对劳动的影响效应

4.5.1 风险投资对高层管理者劳动要素投入—产出效率的影响

王会娟和张然（2012）在研究私募股权投资对被投资公司高管薪酬契约时发现，风险投资持股能够显著提升高管的薪酬—绩效敏感度。笔者以此为基础，考察风险投资的参与是否有同样的结果。显然，对于上市公司的高层管理者劳动要素来说，其获得的薪酬就是要素的投入，而公司绩效即为要素的产出，如果风险投资的持股能够提升高管的薪酬—绩效敏感度，那么就可以说明风险投资增加了高管劳动要素的投入—产出效率。

在王会娟和张然（2012）的模型中，他们使用营业收入的增长率来控制公司的成长性，笔者以此为依据，将本研究中的控制公司成长性的变量由托宾 Q 值（TobinQ）转变为营业收入增长率（Growth）。由于被解释变量为净资产除以总资产（ROA），与原控制变量中的总资产报酬率高度相关，因此，在本研究中，剔除控制变量中的 ROA。此外，王会娟和张然（2012）的模型中还包括控股股东性质变量（SOE），即当控股股东的性质为国有时，SOE 取 1，否则为 0，其他控制变量与 4.2.4 小节的选择一致。新增加的营业收入增长率变量（Growth），高管薪酬总和变量（lnCompensation），以及前三名高管薪酬总和变量（lnTop3Compensation）的描述性统计结果如表 4 – 8 所示。

表 4 – 8		本节新增变量的描述性统计				
变量符号	观测值	均值	中位值	标准差	最小值	最大值
Growth	21 335	0.176	0.100	0.471	– 0.623	4.806
lnCompensation	21 335	15.20	15.17	0.726	13.313	17.150
lnTop3Compensation	21 335	14.430	14.40	0.686	12.757	16.394

表 4 – 9 列示了风险投资对高层管理者劳动要素投入—产出的影响效应。第（1）列用高管薪酬总和的对数表示高管劳动要素的投入水平，由交乘项 VC × lnCompensation 在 10% 水平上显著可以看出，风险投资的存在提高了上市公司薪酬—绩效敏感度，即增加了高管薪酬与公司绩效的关联度，在一定程度上说明了风险投资能够提升高层管理者劳动要素投入—产出效率。第（2）列用前三名高

管薪酬的总和对数表示高管劳动要素的投入水平，可以看到，风险投资变量和劳动要素投入变量的交乘项（VC × lnTop3 Compensation）系数在 5% 的水平上显著，说明风险投资的参与能够促使高管更加努力工作，提高上市公司的经营业绩，在这个过程中，高管的薪酬水平与公司业绩紧密相连，即高管"一分付出，一分收获"，体现了风险投资参与的公司具有较高的薪酬—绩效敏感度，说明了风险投资能够提高被投资公司高层管理者劳动要素的投入—产出效率。

表 4 - 9　　　　　风险投资对高层管理者劳动要素投入—产出的影响效应

变量符号	(1)	(2)
	ROA	ROA
VC	−0.048 (−1.55)	−0.049 (−1.62)
lnCompensation	0.019 *** (28.35)	
VC × lnCompensation	0.004 * (1.95)	
lntop3 Compensation		0.018 *** (25.56)
VC × lntop3 Compensation		0.004 ** (2.05)
Size	0.006 *** (14.33)	0.008 *** (18.13)
Lev	−0.142 *** (−61.40)	−0.144 *** (−61.88)
Growth	0.028 *** (33.77)	0.028 *** (33.29)
Dual	0.002 ** (2.41)	0.002 ** (2.05)
Independent	−0.020 *** (−2.77)	−0.031 *** (−4.22)
Top1	0.061 *** (21.62)	0.058 *** (20.76)
SOE	−0.004 *** (−3.83)	−0.003 *** (−2.79)

续表

变量符号	(1)	(2)
	ROA	ROA
Constant	− 0. 357 *** (− 33. 93)	− 0. 350 *** (− 32. 69)
Industry	YES	YES
Year	YES	YES
Observations	21 335	21 335
R-squared	0. 280	0. 275

注：括号内的数值表示对应系数的 t 统计量值，＊＊＊、＊＊、＊分别表示在 1%、5%、10% 水平上显著。

综上所述，本研究从两个方面测量高层管理者薪酬，均得出结论：风险投资的持股能够提升上市公司高层管理者劳动要素投入—产出效率，因此，支持本章研究假设 H 的猜测。

4.5.2 风险投资对普通劳动者劳动要素投入—产出效率的影响

由于普通劳动者劳动要素投入—产出效率使用劳动投资效率（AbsHire）来度量，没有独立的投入和产出变量，因此，本研究使用如下模型进行检验：

$$\text{AbsHire}_{i,n} = \alpha_0 + \alpha_1 \text{VC}_{i,n} + \sum \alpha \text{Control} + \varepsilon_{i,n} \qquad (4-5)$$

其中，AbsHire 表示劳动投资非效率，该数值越大，表示劳动投资效率越低。风险投资变量和控制变量的定义与模型（4-2）一致。

表 4-10 展示了风险投资对劳动投资效率的影响效应。其中第（1）~（3）列分别列示的是不加入任何控制变量的回归，加入行业和年份控制变量的回归以及加入全部控制变量的回归。可以看出，风险投资变量（VC）均在 1% 的水平上显著降低劳动投资非效率变量（AbsHire），这说明风险投资的存在确实可以降低劳动投资非效率水平，避免出现冗余雇员和雇佣不足的现象，能够提高劳动投资效率，即提高普通劳动者劳动要素投入—产出效率。可能原因在于风险投资存在监督/认证作用，可以监督上市公司管理层的劳动要素投入和产出，避免无效率现象出现，因而提高了劳动要素投入—产出效率。至此，本章研究假设 H 得到了全部证明。

表 4 – 10　　　　　　风险投资对普通劳动者劳动要素投入—产出的影响效应

变量符号	(1)	(2)	(3)
	AbsHire	AbsHire	AbsHire
VC	− 0. 223 *** (− 4. 40)	− 0. 086 *** (− 2. 88)	− 0. 097 *** (− 2. 72)
Size			− 0. 058 * (− 1. 89)
Lev			0. 117 (0. 61)
ROA			0. 285 (0. 87)
TobinQ			− 0. 012 (− 0. 99)
Dual			− 0. 094 * (− 1. 94)
Independent			− 0. 541 (− 1. 03)
Top1			− 0. 007 (− 0. 02)
Constant	0. 507 *** (11. 49)	0. 244 *** (7. 69)	1. 715 ** (2. 42)
Industry	NO	YES	YES
Year	NO	YES	YES
Observations	14 437	14 437	14 437
R-squared	0. 015	0. 012	0. 012

注：括号内的数值表示对应系数的 t 统计量值，*** 、** 、* 分别表示在 1% 、5% 、10% 水平上显著。

进一步地，笔者将劳动投资非效率变量（AbsHire）分为两个部分：一部分是冗余雇员（OverHire），即本章模型（4 – 1）中残差 $\varepsilon_{i,n}$ 为正的部分，此数值越大，表示冗余雇员越多；另一部分是雇佣不足（Under Hire），即本章模型（4 – 1）残差 $\varepsilon_{i,n}$ 为负的部分，此数值越小，表示雇佣不足问题越严重。笔者将这两个新劳动投资非效率变量其代入模型（4 – 5）作为因变量，进行 OLS 回归，结果如表 4 – 11 所示。第（1）列显示风险投资的持股显著负向影响冗余雇员，即在风险投资参与的上市公司中，冗余雇员水平较低，说明风险投资能够通过控制冗余雇员来抑制被投资公司劳动要素非效率行为；第（2）列显示风险投资持股能够显著正向影响雇佣不足问题，即风险投资的存在，能够扭转上市公司雇佣不足的问题，这也说明风险投资能够通过控制雇佣不足的方式来提高被投资公司的劳动要素生产效率。该检验结果进一步证明了风险投资的参与能够降低上市公司劳动投资非效率行为，提升其劳动要素投入—产出效率。

表 4 – 11　　　　　　　　风险投资对冗余雇佣和雇佣不足的影响效应

变量符号	(1)	(2)
	OverHire	UnderHire
VC	– 0. 140 * (– 1. 90)	0. 079 ** (2. 12)
Size	0. 018 (0. 33)	0. 114 *** (3. 20)
Lev	0. 061 (0. 18)	– 0. 201 (– 0. 91)
ROA	0. 416 (0. 70)	– 0. 310 (– 0. 92)
TobinQ	0. 003 (0. 11)	0. 024 * (1. 69)
Dual	– 0. 095 (– 1. 04)	0. 106 ** (2. 42)
Independent	– 0. 942 (– 0. 88)	0. 247 (0. 59)
Top1	– 0. 672 (– 0. 83)	– 0. 412 * (– 1. 81)
Constant	0. 456 (0. 35)	– 2. 638 *** (– 3. 36)
Industry	YES	YES
Year	YES	YES
Observations	6 189	8 248
R-squared	0. 083	0. 084

注：括号内的数值表示对应系数的 t 统计量值，*** 、** 、* 分别表示在 1% 、5% 、10% 水平上显著。

4.5.3　稳健性检验

为了增加本部分研究结论的可靠性，笔者进行如下稳健性测试。

第一，高层管理人员薪酬的衡量。笔者参考以往的文献和公司治理实践，采用薪酬最高的前 3 名董事的薪酬取自然对数作为高层管理人员薪酬的衡量指标，重新对其进行表 4 - 9 的回归，发现结果与 4.5.1 小节的结果无本质差异。此外，笔者也使用薪酬最高的高管的薪酬作为高层管理人员薪酬的衡量指标，发现结果依然支持 4.5.1 小节的结论。

第二，经营业绩的衡量。在研究风险投资对高管薪酬—绩效敏感度时，笔者使用净利润/总资产（ROA）来表示经营业绩。为了稳健，笔者使用净资产收益率（ROE）来表示上市公司的经营业绩，重新回归后，发现结果没有变化，风险投资持股依然显著正向提高高管薪酬—绩效敏感度。

第三，改变劳动投资效率的衡量。先前的文献指出，劳动力成本由雇佣数量和工资率两个变量决定，当雇佣数量相同时，劳动力成本高低取决于工资率高低。冗员并不必然导致公司劳动力成本上升，例如在我国计划经济时期，政府通过低工资就业政策实现充分就业。由此，可以看出，在考虑劳动要素投入时，使用职工薪酬可能比职工数量更加合理、科学。为此，笔者重新对模型（4 - 1）进行回归，只是此次 Hire 用 CSMAR 数据库中的"支付给员工以及为职工支付的现金"来测量，同样以此次回归得到的残差作为劳动投资非效率变量。将该变量与风险投资变量回归后，发现风险投资的存在依然显著降低劳动投资非效率水平，因此，结论没有发生变化。此外，笔者也使用塞拉（2010）的方法来度量劳动投资效率，依然能够得到一致的结果。

第四，内生性检验。使用 4.4.2 小节中的工具变量代替风险投资变量，进行两阶段最小二乘法回归，得到的结果依然支持 4.5.1 小节和 4.5.2 小节的结果。

4.6　研究结论

通过实证检验，本章的研究主要得出以下研究结论。

4.6.1 风险投资能够提高技术要素的投入—产出效率

根据 4.3 节的研究，可以看出，风险投资的参与能够提高上市公司研发投入与专利获取量的敏感度，即提高了其技术要素投入（以研发投入表示）—产出（以专利获取量表示）的效率。当前，高质量发展需要"创新"，而创新的主力就是企业，风险投资的参与不仅能够促进企业的研发投入和专利获取量，而且能够增加两者的敏感度，这说明风险投资机构在高质量发展中具有重要的作用，应该受到重视和支持。纵观全球风险投资行业发展，可以看到，其在各国高科技企业成长中都具有举足轻重的地位，例如世界著名的高科技公司——Microsoft、Google、Facebook 在成立之初，都得益于风险投资机构的资金注入和增值服务。因此，我国应该借鉴经验，在培育高科技中小企业时，注重风险投资机构的作用，鼓励风险投资机构在创业型公司，尤其是高科技创业型公司中发挥技术促进的作用。高科技公司以"技术"作为主要竞争力，如果其能有较高的投入—产出效率，那么他将很快得到发展和成长，所以，风险投资和创业型公司应该通力合作，共同努力提高技术要素的投入—产出敏感性。

4.6.2 风险投资能够提高资本要素的投入—产出效率

4.4 节的研究揭示了风险投资的参与有助于提高被投资公司资本要素投入—产出效率。资本是一个公司永续发展的基础，很多极具前景的创业型公司都因为缺乏资金而失败，因此，资本要素的投入—产出效率关系到创业型公司的生存和发展。以往的文献认为，风险投资机构能够为创业型公司带来资金，本章的研究显示，风险投资的参与还能够帮助创业型公司提高资本要素的生产效率，这对创业型公司有重要的指导意义。该意义体现在创业型公司在引入风险投资后，不仅要使用他们的资金，而且要吸收他们的增值服务，以提高自身资本要素的投入—产出效率。当前，在中国资本市场上，资金是一种稀缺性资源，其具有"积聚"效应，即资金往往向绩效优秀、资金充足的成熟企业积聚，而一些创业型公司由于规模小，前景不明确，得不到任何资金支持。此时，风险投资机构的存在就显得尤为重要，他们可以给这些公司提供创业初期的必要资金，并监督他们资金的使用，避免不必要的资金浪费，促使他们使用最小的投入，获得最优的经营业绩，实现自身实力的增长。

4.6.3　风险投资能够提高劳动要素的投入—产出效率

4.5 节从高层管理者和普通劳动者两个方面，证明了风险投资的参与能够提高劳动要素的投入—产出效率。从高层管理者角度来说，风险投资持股能够提高薪酬—绩效敏感度，即在风险投资存在的公司中，高管的薪酬和公司的经营业绩高度相关，这对于抑制代理问题，提升公司治理水平具有重要意义。在两权分离的现代公司中，高管作为代理人，可能存在两种行为倾向：道德风险和逆向选择（Jensen and Meckling，1976）。要降低这两种倾向，就需要制定有效的激励和约束机制，使得高管为投资人的利益服务，而将高管薪酬和业绩联系起来就是一种最好的解决方式。风险投资持股有助于推动高管薪酬和公司绩效相结合，在抑制代理问题的同时，也提高了高管这种劳动要素的投入—产出效率。从普通劳动者角度来说，风险投资的存在避免了冗余雇员和雇佣不足问题，抑制了劳动投资非效率，这对于提升被投资公司劳动要素生产效率来说有重要意义。在现代公司中，冗余雇员和雇佣不足问题普遍存在，风险投资的存在有助于这两个问题的解决，优化了被投资公司的员工配置。

4.6.4　研究总结和探讨

综上所述，风险投资持股能够提高被投资公司技术、资本和劳动要素的投入—产出效率，证明了本章的假设 H。要素的生产效率在公司经营中占据重要地位，关系到公司的竞争力水平和市场地位，只有高效率的要素投入和产出，才能保证企业在市场竞争中立于不败之地。由本章的研究可以看出，风险投资的参与具有监督和约束效应，能够促使管理层提高技术、资本和劳动要素的效率，与已有的研究结论一致（吴超鹏等，2011；王会娟和张然，2012；张学勇和张叶青，2016）。基于此，创业型公司、风险投资机构和政策制定者都能得到一些启发。首先，对于创业型公司来说，引入风险投资后，公司的管理层不应当把风险投资仅仅当作一个普通的股东，而应该吸收风险投资人进入董事会，鼓励他们发挥咨询和建议的作用。当然，这要求管理层和风险投资人相互信任，通力合作，因此在注资之初，公司管理层（一般为创始人）应该谨慎甄选风险投资机构，不应该"饥不择食"，吸引"无法信任"的风险投资机构进入公司。其次，对于风险投资机构来说，在注资创业型公司后，不应当做"甩手掌柜"，应该做"积极股东"，参与被投资公司的战略决策过程，帮助他们进行把关，这既能保证自身的投资安全，也能帮助被投资公司优化生产效率。最后，对于政策制定者来说，应当出台相关政策，鼓励风险投资机构参与创业型公司的董事会过程，促进他们发挥监督职能。这对于风险投资和创业型公司两方都有帮助。

总结

风险投资持股能够显著提高上市公司技术、资本和劳动要素的投入—产出效率，这是风险投资监督/认证职能的体现，也是风险投资增值服务行为的体现，符合"效率观"的假设，即风险投资在参与创业型公司过程中，监督了他们的管理层，并给他们提供了相应的增值服务，结果是这些公司的要素生产效率得到了提高。

第5章
风险投资对企业生产率的影响效应

5.1 引　　言

习近平总书记在党的十九大报告中指出："我国经济已由高速增长阶段转向高质量发展阶段。"所谓高质量发展阶段，核心要求就是要把提高供给体系质量作为主攻方向，彻底改变过去主要靠要素投入、规模扩张，忽视质量效益的粗放式增长，以及由此产生的产能过剩、产品库存、杠杆增加、风险加大、效益低下、竞争力不足等问题，通过提高质量和效益实现经济的良性循环和竞争力提升。在这个过程中，企业只有努力提高生产效率，才能转变过去高投入、乱投入等低效增长，实现由创新驱动，资源优化的高效增长。基于此，企业生产率就变得尤为重要，甚至决定一个企业能否在高质量发展阶段获得生存和发展。鉴于生产率是反映经济转型升级的关键指标（陶锋等，2017），体现了一个企业如何利用已有的人力、物力和财力实现生产效益（或经济效益）最大化，因此我们有必要对它进行研究。根据已有文献（赵静梅等，2015；陈鑫等，2017），本书使用全要素生产率（total factor productivity，TFP）来测量企业生产率，这是因为全要素生产率既是衡量微观企业绩效的核心指标，也是衡量经济高质量发展的关键指标之一（杜勇和马文龙，2021），可以理解为企业全部资源（包括人力、物力和财力）开发利用的效率，符合企业生产率的测算要求。

已有的国内外研究探索了风险投资对企业生产率的影响（Chemmanur et al.，2011；赵静梅等，2015；陈鑫等，2017），但是影响的方向具有分歧。切马努尔等（Chemmanur et al.，2011）和陈鑫等（2017）的研究显示，风险投资的存在能够促进工业企业的生产效率，提高它们的公司价值。但是赵静梅等（2015）的研究显示，风险投资总体上没有改善企业的生产效率，他们认为这种无效率是由低声誉风险投资机构导致的，相反，高声誉风险投资机构是能够促进企业生产率的。也就是说，赵静梅等（2015）认为风险投资对企业生产率的促进只存在于高声誉机构，以低声誉机构为代表的大多数风险投资并不能提高被投资公司的生产效率。为了弄清风险投资对企业生产效率的影响，本书采用新方法（新的全要素测量方法）、新数据（数据扩展到 2019 年）来重新检验，希望能够得到一个新的结果，以丰富风险投资理论，指导风险投资实践。

笔者认为，风险投资拥有提高被投资公司企业生产率的意愿。首先，风险投资是一种以"价值增值"实现投资收益的金融机构。与其他金融机构（如公募基金、银行、证券等）不同，风险投资不以"股权交易"获得投资收益，而是以"股权增值"来获得投资收益（Lerner et al.，2012）。这种定位就要求风险投资人致力于提高被投资公司生产效率，进而提升其市场价值的目的。在市场价值提高后，风险投资取得获利退出。其次，风险投资是一种长期投资，它不追求一时的盈利，可以忍受较长时间的无盈利（甚至亏损）。这就给予了被投资公司提升生产效率的时间。众所周知，生产效率的提高不是一朝一夕的事情，它需要在实践中不断摸索前进，可能会经历很多失败，也可能会一无所获，但是不摸索、不实践，就不可能成功。因此，风险投资的长期投资性给予了被投资公司这样的机会。最后，投资对象决定了风险投资不得不努力帮助其提高效率。风险投资机构是以初创期或成长期等未上市公司（或私有公司）作为投资对象的，这样的公司很难在资本市场上交易股权，只能寄希望于公开上市或企业并购，而这两种退出方式均要求公司具备一定市场价值，没有价值的公司根本无法获得市场青睐。然而，要让一个初创公司获得市场价值，唯一的办法就是提升市场竞争力，在同行业中获得领先地位，这显然离不开生产效率的提高。因此，风险投资要想实现自身的投资增值（或者说是股权增值），必然要推动被投资公司提高生产效率，进而提升其市场价值。

风险投资可能会通过以下途径来增加创业型公司的生产效率：第一，促进创新。如第四章研究结论显示，风险投资参与的公司具有较高的创新水平，这说明风险投资能够帮助被投资公司提高创新能力。温军和冯根福（2018）进一步提出，高声誉风险投资对公司创新效率的提升更高，如果以高声誉风险投资机构牵头，组成风险投资辛迪加（VC Syndicate），那么被投资公司的创新水平会显著提升。第二，增加要素投入效率。如第 4 章所示，风险投资的参与能够降低被投资公司过度投资，也能够提升管理层薪酬—绩效的敏感性，优化资金和人员要素的投入—产出比率，进而提升生产效率。第三，公司治理机制。通过有效的治理机制，风险投资人可以参与被投资公司的战略设计和经营决策，对管理层进行必要的监督，防止他们偷懒，或者侵害其他股东（尤其是以风险投资为代表的外部股东）的利益。同时，风险投资人还可能利用自身的管理知识（如果有的话），帮助参与的公司优化组织结构和流程，提高管理效率，或者介绍职业经理人，帮助创始人团队进行管理工作。

由此可见，风险投资具有提升被投资公司生产效率的意愿，也拥有提升被投资公司生产效率的方法，因此，本章提出如下研究假设：

H：风险投资能够提升企业生产率。

5.2　研究设计

在本章中，笔者使用全要素生产率来度量上市公司的企业生产效率。根据已有的文献，全要素生产率的度量方式主要有三种：分别是 OLS 法，OP 法和 LP 法。为了保证研究结果的稳健性，笔者使用以上三种方法来度量全要素生产率，以期找到稳健的风险投资对企业生产效率的影响效应结果。

5.2.1　OLS 方法测度全要素生产率

全要素生产率的估计是以生产函数为基础的，给定 Cobb-Douglas 生产函数如下：

$$Y_{i,t} = A_{i,t} L_{i,t}^{\alpha} K_{i,t}^{\beta} \qquad (5-1)$$

其中，$L_{i,t}$ 和 $K_{i,t}$ 分别表示劳动和资本的投入，$A_{i,t}$ 即是通常所说的全要素生产率（TFP），它能够同时提高各种要素的边际产出水平，为了估计 $A_{i,t}$，需要将生产函数两边取对数：

$$\ln Y_{i,t} = \alpha \ln L_{i,t} + \beta \ln K_{i,t} + \varepsilon_{i,t} \qquad (5-2)$$

其中，$\ln Y_{i,t}$、$\ln L_{i,t}$ 和 $\ln K_{i,t}$ 分别表示 $Y_{i,t}$、$L_{i,t}$ 和 $K_{i,t}$ 的对数形式，$\varepsilon_{i,t}$ 是模型（5-2）的残差，包含了全要素生产率对数形式的信息，可以对模型（5-2）进行 OLS 估计，从而获得全要素生产率的估计值。为了估计得更加有效，一般在模型（5-2）中加入年份、行业和地区虚拟变量，以控制全要素生产率在时间、行业和地区间的差异，由此得到模型（5-3）：

$$\ln Y_{i,t} = \beta_0 + \beta_1 \ln L_{i,t} + \beta_2 \ln K_{i,t} + \sum \delta_m \, year_m$$

$$+ \sum \lambda_m \, place_m + \sum \eta_m \, ind_m + \varepsilon_{i,t} \qquad (5-3)$$

其中，year、place 和 ind 分别代表公司年份、地区和行业虚拟变量，将模型（5-3）进行 OLS 回归，即得 OLS 方法测度的全要素生产率（TFP_OLS）。

5.2.2　OP 方法测度全要素生产率

如果用上述线性方法测度公司全要素生产率时，将会产生同时性偏差（simultaneity bias）和样本选择性偏差（selectivity and attrition bias）。例如，在生产过程中，企业的效率有一部分是可以被观测到的，管理者可以根据这个被观测到的信息调整生产要素的投入，其结果就是误差项中的一部分（被观测到的那部分）会影响到要素投入的选择，从而产生残差项和回归项相关。为了避免此类计量错误，奥利和帕克斯（1996）发展了基于一致半参数估计值方法（consistent semi-parametric estimator）。该方法假定企业根据当期生产率状况作出投资决策，因此用企业的当期投资作为不可观测生产率冲击的代理变量，从而解决上述问题。其估计方法如下：

$$\ln Y_{i,t} = \beta_0 + \beta_1 \ln L_{i,t} + \beta_2 \ln K_{i,t} + \beta_3 \, Age_{i,t} + \beta_4 \, SOE_{i,t} + \beta_5 \, EX_{i,t} +$$

$$\sum \delta_m \, year_m + \sum \lambda_m \, place_m + \sum \eta_m \, ind_m + \varepsilon_{i,t} \qquad (5-4)$$

其中，Age 代表公司上市年限，SOE 代表公司是否是国企，EX 表示公司是否参与出口活动，其他变量的定义同模型（5-3），lnK 和 Age 是状态变量，SOE 和 EX 是控制变量，代理变量是 lnI，I 代表投资量，具体计算方式为：I = 构建固定资产无形资产和其他长期资产支付的现金。将模型（5-4）进行估计，即可得到 OP 方法测度的全要素生产率（TFP_OP）。

5.2.3　LP 方法测度全要素生产率

在满足一系列假定的条件下，OP 方法可以进行一致性估计。但是这要求代理变量（投资）与总产出始终保持单调关系，这意味着那些投资额为零的样本不能被估计。事实上，并非每一个企业每一年都有正向投资，这就使很多样本在估计时被丢掉了。因此，莱文森和珀特林（Levinsohn and Petrin，2003）针对这一问题发展了一种全新的估计方法，即 LP 方法。该方法依然使用模型（5 - 4）来估计，但是代理变量改之以中间品投入指标。在本研究的估计中，该中间品投入的计量是：企业的营业成本加上企业的销售费用、管理费用、财务费用再减去企业的当期计提折旧与摊销以及支付给职工和为职工支付的现金。

综上，笔者在回归模型（5 - 3）和模型（5 - 4）时，为了得到有效性数据，做了如下剔除：（1）剔除了已退市的公司；（2）剔除了 ST 和 *ST 公司；（3）剔除了数据异常和数据缺失严重的公司。

5.3　实证检验结果

5.3.1　风险投资对全要素生产率的影响效应

为了检验风险投资对全要素生产率的影响效应，笔者构建如下模型：

$$\text{TFP}_{i,n} = \alpha_0 + \alpha_1 \text{VC}_{i,n} + \sum \alpha \text{Control} + \varepsilon_{i,n} \tag{5-5}$$

其中，TFP 是全要素生产率，有三种计量方式，分别为 OLS 方法测度的、OP 方法测度的和 LP 方法测度的，其变量符号依次是 TFP_OLS、TFP_OP 和 TFP_LP，风险投资变量 VC 和控制变量 Control 与 4.2 节一致。

通过模型（5 - 5）的检验，得到如表 5 - 1 所示的结果。由第（1）至第（3）列可以看到，风险投资的存在降低了上市公司的全要素生产率。在第 4 章中，我们可以看到，风险投资的存在能够提高要素的投入—产出效率，但是通过本章的检验发现，风险投资对全要素生产率是降低的，只是这种降低并不具有显著性，这说明风险投资持股对被投资公司的企业生产率不存在影响，与赵静梅等（2015）的研究一致，也就是说，在赵静梅 2004 ~ 2012 年的研究样本中，风险投资没有改善企业的生产效率，随着时间推移，在本书 2012 ~ 2019 年的样本中，风险投资依然对被投资公司的企业生产率不产生影响。这是一个非常有意思的结果，值得深入探索原因。

表 5 - 1 风险投资对全要素生产率的影响效应

变量符号	(1)	(2)	(3)
	TFP_OLS	TFP_OP	TFP_LP
VC	-0.019 (-1.27)	-0.011 (-0.86)	-0.011 (-0.83)
Size	0.142*** (28.06)	0.392*** (87.99)	0.504*** (109.49)
Lev	0.700*** (23.84)	0.616*** (23.79)	0.728*** (27.21)
ROA	2.145*** (28.12)	2.171*** (32.26)	2.706*** (38.94)
TobinQ	0.004 (1.07)	-0.012*** (-3.92)	-0.011*** (-3.44)
Dual	-0.027** (-2.51)	-0.023** (-2.42)	-0.017* (-1.77)
Independent	0.038 (0.44)	0.028 (0.36)	-0.055 (-0.70)
Top1	0.041 (1.23)	0.209*** (7.15)	0.288*** (9.55)
Constant	-3.378*** (-28.79)	4.404*** (42.55)	1.447*** (13.54)
Industry	YES	YES	YES
Year	YES	YES	YES
Observations	22 988	22 988	22 988
R-squared	0.146	0.552	0.622

注：括号内的数值表示对应系数的 t 统计量值，＊＊＊、＊＊、＊分别表示在 1%、5%、10% 水平上显著。

5.3.2 风险投资没有改善企业生产率的原因探索

笔者认为，风险投资没有改善上市公司企业生产率，主要有以下几点原因。

第一，风险投资不是企业生产和经营的主体，他们只是一类具有监督职能的大股东。企业生产和经营的主体是公司管理层，不是风险投资机构。无论是文献，还是实践，均显示风险投资具有监督/认证的作用，这个作用可以减少被投资公司的信息不对称程度，降低代理风险（包括道德风险和逆向选择），提高公司治理水平，以及要素的投入—产出效率，但是，不能代替公司管理层进行生产和经营。因此，在已有的文献中，可以看到风险投资对企业创新（Kortum and Lerner，2000）、盈余管理（Morsfied and Tan，2006）、IPO 折价率（陈工孟等，2011）、投融资效率（吴超鹏等，2011）以及公司治理（Hochberg，2012）等可以"监督和约束"的内容产生影响，却发现风险投资机构对企业生产率等公司自身"固有的能力"不产生影响（赵静梅等，2015）。这说明风险投资并不是"万能的"，我们不能指望风险投资来提高企业的生产和经营效率，而是应该发挥风险投资的"监督/认证作用"，把生产经营交给上市公司的管理层，让风险投资去监督，保证管理层能够为投资者的利益服务，这就足够了。

第二，生产效率是企业资源配置效率的最终体现。根据生产函数，全要素生产率会受到资本和劳动两个要素的影响，但是技术的发展会提高要素的投入—产出效率，例如 19 世纪开始的工业革命，就从根本上改变了人类生产的方式，进而深刻地影响社会和经济的发展。创业型公司的成长和发展离不开劳动和资本要素的投入，更离不开促进这两种要素生产力增长的技术创新，这是公司自身固有的生产能力，几乎不能通过增加监督，提高治理等方法改变。已有的实践显示，公司的全要素生产率会随着时间、地点和行业而发生变化，例如从改革开放到现在，我国工业企业全要素生产率就有了长足的发展（龚关和胡关亮，2013），此外，众所周知，在经济发达地区和高新技术企业中，全要素生产率就会相对高些，这些都是公司固有的能力，并不是风险投资这样的大股东加强监督就能实现的，因此，风险投资的存在无法改变被投资公司的企业生产率并不是风险投资"不作为"的结果，而是风险投资在这方面"无能为力"，只能寄希望于公司自身的技术创新以及由此带来的劳动和资本投入要素的生产力提升。

第三，风险投资在被投资公司上市后处于逐渐退出阶段。这可能是一个次要原因。不可否认的是，风险投资的目标是通过被投资公司"价值增值"获得投资收益。当被投资公司成功上市后，风险投资投入的资金就有了退出的渠道，他们会在股份解禁后，卖出股权再进行下一轮投资。毕竟，风险投资的投资对象是创业型公司，而不是已经实现上市的成熟公司。由于本研究的样本数据是上市公司，即风险投资已经实现投资收益，并获得退出权利的公司。在这样的公司中，风险投资机构恐怕更多地关注的是"自身股权的收益性"，而不是"公司的持续增长"，其原因是风险投资会逐渐退出该上市公司，不再是其股东，因而就不会关注该公司的未来发展，这样，公司的全要素生产率高低就和风险投资机构无关。但是，风险投资人会监督管理层，避免他们出现代理问题，损害自身的退出收益，所以，我们可以看到，风险投资在上市公司中具有监督/认证作用，却对关系到公司长远发展的全要素生产率不产生影响。

5.3.3 风险投资影响全要素生产率的进一步探索

学术界对于风险投资是否能够提高全要素生产率存在争议，以下是三篇典型论文对此问题的讨论。

第一，切马努尔等（2011）使用美国人口普查局（U. S. Census Bureau）的纵向研究数据库（longitudinal research database）的资料发现，在风险投资进入之前（五年），那些接受风险投资的公司就比没有接受风险投资的公司在全要素生产率上高 7%，这意味着风险投资先于注资前，就会考察目标公司是否具有较高的生产效率，印证了 5.3.2 小节中猜测的原因，即生产率高低来源于公司自身固有的能力，而不是风险投资的推动。此事实说明了风险投资具有"选择行为"。进一步地，切马努尔等（2011）也发现在风险投资注资后的四年里，风险投资支持的公司比没有风险投资支持的公司在全要素生产率上高 12%，这说明风险投资的加入促进了被投资公司的企业生产率，但是，值得注意的是，这个生产率是在原有的基础上增加的，而不是风险投资带来的，换句话说，风险投资对企业生产率的提高可能是一种"锦上添花"的作用，而不是"雪中送炭"的作用，即风险投资的到来会让原本就高的企业生产率变得更高，这是"增值服务"和"选择行为"的加总效应，切马努尔等（2011）也把这个结果归结为风险投资机构的筛查（screening）和监督（monitoring）的双重结果。此外，他们也发现，风险投资增加被投资公司生产效率主要发生在注资早期（一般是前两轮投资），即公司处在创业期和成长期阶段，当到了注资后期时，风险投资的存在并不能改变被投资公司的全要素生产率，这也印证了 5.3.2 小节中的猜测，笔者的样本数据之所以不显著，可能是被投资公司已经上市，风险投资机构不会再花时间促进其生产率提高了。

第二，赵静梅等（2015）选用 2004～2012 年我国上市公司的数据，对此问题进行了继续研究。他们发现，在我国资本市场背景下，风险投资的参与并不会改变上市公司全要素生产率，这与笔者的研究结果一致。他们对此探索了原因，发现风险投资的无效率行为是由低声誉风险投资机构导致的，对于高声誉风险投资机构，实证结果显示他们能够显著促进企业生产效率，通过情景转换模型的稳健性检验，发现高声誉风险投资机构对全要素生产率的影响比低声誉风险投资机构高 1.24% ~ 1.65%。这个结果对风险投资行业有一定指导意义，即风险投资机构是能够促进被投资公司提升生产效率的，但是创业型公司需要"择其善者而从之"，因为高声誉机构往往在行业中具有多年的从业经验和商业关系网，能够帮助被投资公司改善生产效率，提高生产力，而一些低声誉机构可能更加注重"投资收益"，他们更喜欢"突击入股"，"包装上市"，并不在意被投资公司长远的发展。从实践来看，低声誉风险投资机构在资本市场上占大多数，他们的行为体现了风险投资行业总体的行为，据此来看，这可能就是本研究结果没有证明假设的原因。不过，笔者相信随着我国资本市场不断发展，风险投资行业不断成熟，机构资金实力不断增加，这一局面可能会有所改善。

第三，陈鑫等（2017）在前人的基础上，利用 2003 ~ 2012 年省级面板数据，考察了区域层面风险投资的参与对全要素生产率的影响效应。实证结果显示，各地区风险投资总额占 GDP 的比例越高，该地区的全要素生产率就越高，内生性测验也支持了这一结果，确认了风险投资对地区企业生产率的促进作用。这一研究从区域层面，给出了风险投资促进生产效率的证据，说明风险投资对推动社会生产力发展有积极作用。此外，他们还发现，不同类型的风险资本对社会生产力的影响不同，应该科学有效地进行配置，实施地区分类引导策略，这对政策制定者有丰富的启示，即在总体结构调整战略的指导下，各地区应该结合其全要素生产率的特点，引入与之相匹配的风险投资机构。例如，在技术效率相对落后的地区，应该鼓励民营风险投资的发展，而在技术水平相对落后的地区，应该优先考虑引入外资风险投资。该区域层面的研究结果可能给公司层面的研究带来一定的佐证，即风险投资对全要素生产力可能产生影响，但是这种影响恐怕是一种"累积效应"，即对单一的公司不产生影响，但是对社会总体生产力发展会有一定的推动作用，这可能是风险投资机构存在和发展的实践意义。

5.4　研究结论和探讨

在本章中，笔者使用 2012 ~ 2019 年的 A 股上市公司数据，考察了风险投资持股对企业生产率的影响效应。实证结果显示，风险投资的存在降低了上市公司的全要素生产率，但是统计结果并不显著，这说明风险投资对被投资公司的企业生产率不存在影响，与赵静梅等（2015）选用 2004～2012 年对该问题的研究得到的结果一致。由此，本章的假设 H 没有得到验证，风险投资推动企业生产率的猜测没有得到证实。这说明风险投资可能并不具备提高企业生产率的作用。

企业生产率对一个上市公司来说，关系到它的市场竞争力和永续发展，对一个国家来说，关系着整个社会福利水平、经济发展和国际地位，因此，对它的研究和探索至关重要。风险投资能否提高企业生产率，是学术界关注的重点问题，很多学者对此进行了相关研究，但是至今没有找到直接证据证明，风险投资能够提高被投资公司的生产效率。已有的研究只是证明，风险投资选择了生产率较高的公司进行注资，并在注资后促进其生产率继续提高（Chemmanur et al.，2011），这并不能说明风险投资的参与有助于提高企业生产率。尽管陈鑫等（2017）从区域层面证明了风险投资对地区全要素生产率有显著正向影响，但这依然不能确认风险投资在被投资公司中对生产力的影响。因此，笔者认为，风险投资机构并不是"全能的"，他们只具有认证/监督的作用，不能代替被投资公司进行生产和经营。

该结论对重新定义风险投资机构的角色有重要意义。已有的文献已经证明了风险投资具有认证/监督作用，他们的存在对于被投资公司降低信息不对称水平，提高公司治理有推动作用，这就是风险投资存在的意义。在引导风险投资机构时，应该认清其发挥作用的边界，厘清其在创业型公司中的角色和作用，不应该对其产生过多、过高的期望，不应该将不属于其职责范围的任务强加给它。应该认清，企业生产效率的提高在于公司自身固有的能力，是公司管理层经营管理的成果，也是公司所处时代、地区和行业共同作用的结果，与公司的技术创新相关，而与风险投资的参与无关。创业型公司引入风险投资的目的是吸引资金，利用其增值服务拓宽商业渠道，至于公司生产力的提高，应该交给公司的专业技术人员或是经营管理者，而不是寄希望于承担"监督"角色的风险投资，或其他大股东。风险投资机构所要发挥的作用就是监督公司管理层尽职为投资者服务，避免代理问题出现，制定激励和约束制度来调动管理层积极性，并通过董事会机制做好控制工作。

总结

风险投资对企业生产率没有影响，并不意味着风险投资"无能"，相反，恰恰是风险投资正确履行其角色的体现。风险投资具有监督/认证作用，可以降低被投资公司的信息不对称程度，提高公司治理水平，但是不能代替被投资公司进行技术创新和生产经营活动。从企业生产率的角度，笔者认为，风险投资可能更多地发挥"逐名观"的作用，即风险投资倾向于选择一个生产率高的企业，通过监督保证自身的投资权益，但不会帮助其提高生产效率。

第6章
风险投资对股价信息质量的影响效应

6.1 引 言

风险投资在成熟资本市场中的作用一直是学术界和实践界所关注的问题。许多学者认为,风险投资既是资本的提供者,也是被投资公司的监督者,他们的参与提高了这些公司的信息质量(Bottazzi et al.,2008;Wright et al.,2009)。然而,在中国这个典型的新兴资本市场中,很多证据表明,风险投资的作用不同于成熟资本市场。在2018年中国私募股权投资/风险投资峰会上,很多风险投资人提出,风险投资(也包括私募股权投资,private equity,PE)的投后管理活动并不特别关注公司的信息透明度。有学者发现,在中国,风险投资既没有改善其参与公司的经营绩效,也没有改善其公司治理。因此,风险投资在中国资本市场中的行为值得探讨(Tan et al.,2013)。

基于法玛(1970)的有效市场假说,新兴资本市场相对不成熟和效率低下,股票价格很难反映上市公司的内在价值。莫克等(2000)以及金和梅耶尔(2006)也发现作为新兴市场的一员,中国的股价同步性明显高于成熟资本市场国家。然而,已有的研究表明,机构投资者的参与会增加新兴市场中上市公司的特有信息(Denes et al.,2017)。这说明新兴市场虽然股价同步性高,但是机构投资者的参与能够降低股价同步性。风险投资是机构投资者的一种,他们能否也具有这种功能?以前的文献对此关注较少。回顾已有的文献,可以发现,风险投资的参与能够影响IPO折价率(Megginson and Weiss,1991)、盈余信息(Morsfield and Tan,2006)和公司治理(Hochberg,2009)。这些影响与上市公司和资本市场之间的信息传递效率有关。因此,在本章中,笔者试图进一步探讨风险投资参与是否影响被投资公司的股价信息质量。

现有文献对风险投资在资本市场中的行为有两种相反的观点。一种是"认证或监督（certification or monitoring）假说"（Barry et al. , 1990；Megginson and Weiss, 1991）。该观点认为风险投资人有动机去监督被投资公司的高层管理人员行为，降低信息不对称程度，改善其公司治理，从而实现投资回报的最大化。研究指出风险投资作为第三方认证机构来做上述事情，对于上市公司的信息质量是有价值的（Megginson and Weiss, 1991）。另一种是"逐名（grandstanding）假说"（Gompers, 1996；Lee and Wahal, 2004）。这种观点认为，新组建的风险投资机构往往倾向于尽快获得投资收益。为了达到这个目的，他们很有可能与上市公司管理层串通一气，隐瞒公司特有的信息，从而降低股价信息质量。由于风险投资行业在中国刚刚兴起，几乎所有的本土风险投资机构都在寻求资本积累，因此，他们很有可能遵循逐名假说。

本章利用股价同步性来衡量公司层面、行业层面和市场层面的信息组合，探讨了风险投资对中国资本市场股价信息质量的影响。该研究使用中国的数据有以下几个优势：第一，作为全球最大的新兴市场，中国具有投资者保护不完善、风险投资行业不成熟的特征。因此，这样的背景非常适合研究新兴市场中风险投资的行为。第二，一个国家的数据可以较好地控制国家层面的法律、法规和文化对风险投资行为的影响。第三，中国资本市场相对不成熟，上市公司内部人员在信息披露中发挥着重要作用，这为考察风险投资参与信息传递的影响提供了有利的研究环境。第四，投中集团数据库（CVSource）和私募通数据库（PEdata）记录了中国风险投资对上市公司的参与，这些数据在其他新兴市场国家很少能获得。因此，笔者可以使用这些数据库来关联风险投资的作用。

识别风险投资在被投资公司中的作用是一个难题。为了确认因果关系，本研究必须解决内生性问题，即事先选择哪些公司接受风险投资是内生的（Hochberg, 2012）。有学者使用双侧匹配模型来控制内生性，但这种方法存在动态平衡模型的局限性和信息不完整性，不适合本研究的背景（Sorensen, 2007）。在本章中，笔者尝试使用工具变量模型（IV）和倾向评分匹配模型（PSM）来控制风险投资参与的内生性。基于先前的研究，笔者认为风险投资倾向于资助附近的企业，以降低投后管理的成本（Hochberg, 2012）。因此，可以用上市公司所在地的风险投资机构数量来做工具变量，此变量与风险投资参与相关，却与股价同步性无关，可以很好地发挥工具变量的作用。

本研究的主要贡献是：风险投资对上市公司股价信息质量的影响效应。在理论方面，本研究丰富了风险投资参与和资本市场反映之间的文献（Gompers and Lerner，1998；Lee and Wahal，2004；Hasan et al.，2018），特别是风险投资治理文献（Bottazzi et al.，2008；Cumming et al.，2010；Hochberg，2012）和股价信息性的文献（Morck et al.，2000；Durnev et al.，2004；Piotroski and Roulstone，2004；Hutton et al.，2009）。在实践方面，本研究揭示了风险投资在典型新兴市场中的作用。基于实证检验结果，笔者发现风险投资的存在能够增加被投资公司的特定信息披露，降低了股价同步性，即提高了股价信息质量，这与成熟资本市场国家的风险投资作用一致（Hochberg，2012；Bonini et al.，2012；Celikyurt et al.，2014）。

6.2　理论逻辑和研究假设

6.2.1　风险投资对被投资公司的影响效应

早期的风险投资研究揭示了风险投资对小型或初创企业的影响效应。这些文献认为，风险投资为小型创业公司提供建议和支持（Gompers，1995；Lerner，1995），帮助管理层进行专业化建设（Hellmann and Puri，2002），实施监督和公司治理（Kaplan and Stromberg，2003），促进创新（Kortum and Lerner，2000），以及提高生产力（Chemmanur et al.，2011）等。近年来，理论界开始关注风险投资对上市公司（即成熟公司）的影响（Hasan et al.，2018），这是因为很多风险投资机构留在了上市公司，并对其产生影响。研究指出，在标准普尔（Standard & Poor's，S&P）1 500 家公司中，30.5% 的董事具有风险投资背景（Celikyurt et al.，2014）。与此相似，东方财富网的数据显示，2016 年中国上市公司中，风险投资股东的持股比例为24.46%，而 2003 年这个数据为 6.18%。

理论界对风险投资在上市公司中的影响效应的研究大多来自成熟的资本市场。例如，学者发现，风险投资在 IPO 公司中的存在有助于降低发行的总成本，他们将此归结为风险投资的认证/监督作用（Megginson and Weiss，1991）。其他学者也有类似的观点，他们认为拥有高质量风险投资的 IPO 公司的股票折价较低（Barry et al.，1990），风险投资支持的董事会表现更好（Baker and Gompers，

2003），风险投资支持的公司盈余管理较少，董事会组成更好（Hochberg，2012）。此外，有学者证实，在风险投资存在的情况下，IPO 年异常应计收益较低（Morsfield and Tan，2006）。风险投资的参与与正向的公告回报相关，并伴随着经营绩效的改善（Celikyurt et al.，2014）。虽然这些论文从风险投资角色的不同维度进行了深入的研究，但都局限于成熟的资本市场，忽视了风险投资在新兴资本市场中的行为可能有所不同。事实上，在中国，风险投资既没有改善被投资公司的经营绩效，也没有改善其公司治理（Tan et al.，2013）。因此，有必要研究风险投资在我国资本市场上发挥何种作用。

6.2.2　新兴市场的股价信息质量

以罗尔（1988）的文章为开始，理论界开始关注股价信息质量的问题。罗尔（1988）提出用市场模型的 R^2 作为股价同步性的代理变量，并明确了同步性的程度取决于股票价格在公司层面和市场层面的相对差异。莫克等（2000）基于罗尔（1988）的市场模型发现，新兴市场国家的资本市场股票价格具有相对同步的运动方式，表现为股价的信息质量较低，金和梅耶尔（2006）发展了莫克等（2000）的研究，表明 R^2 和信息不透明之间存在着显著的正相关。他们认为，信息不透明和投资者保护不完善使这些公司有较少的特定信息流出，导致 R^2 过高，产生股价崩盘。同时，杜尔内夫等（2004）、皮奥特罗斯基和鲁尔石（2004）以及哈顿等（2009）通过加入行业层面因素，发展了罗尔（1988）的市场模型，使包含公司特定信息、行业范围信息和市场范围信息的市场模型 R^2 能够更好地解释股价的信息化程度。

莫克等（2000）以及金和梅耶尔（2006）揭示了新兴市场国家的股价同步性高于成熟资本市场，这意味着在新兴市场中，上市公司的股价反映的公司特定信息较少。笔者认为这一事实有三种可能的解释。第一，新兴市场国家的上市公司可能对投资者的产权提供不完善且不确定的保护。在这些经济体中，频繁的政策变化和谣言也会造成市场层面的股价波动。此外，对投资者保护不足可能会减少新兴市场的理性交易，增加市场层面的噪声，导致股价同步性（Gul et al.，2010）。第二，新兴市场中的上市公司并不完全透明（Jin and Myer，2006），因此，外部投资者可以观察到所有市场层面的信息，但只能观察到部分公司层面的信息。这些不透明性增加了市场占总风险的比例，即公司内部人隐藏了外部人了解公司层面坏消息的可能性，从而导致 R^2 较高，信息量较低。第三，新兴经济体的上市公司可能有更多的相关基本面，这种相关性可能使它们的股价一起移动（Morck et al.，2000）。

6.2.3 机构投资者和股价信息质量

吉兰和斯塔克（2007）提出，持有大量上市公司股权的机构投资者（或股东）有很强的动机来监督管理层，并采取行动改善公司治理。丹尼斯等（2017）的研究表明，机构投资者参与被投资公司治理可以减少信息不对称，提高信息透明度，间接增加股价的信息含量。余（2011）的研究表明，强有力的公司治理改善了信息交易的成本—收益平衡，促进了私人信息有效地整合到股票价格中去。

很多学者研究了机构投资者对股票价格的影响。例如，机构投资者所有权提高了上市公司的披露质量，进而降低了股票收益波动率（Bushee and Noe，1999）。机构股东可以预测未来的股票收益（Gompers and Metrick，2001）。股价同步性和股价崩盘风险都与机构投资者持股负相关（An and Zhang，2013）。这些研究结果表明，机构投资者的参与有利于上市公司与资本市场之间的信息传递效率。

作为机构投资者的一种，风险投资对上市公司的股价是否具有相同的影响效应？勒纳（1995）的研究给出了肯定的回答，但是这些研究都是以成熟资本市场为背景的。那么，在新兴市场上，尤其是中国，是否也有类似的结论，目前不得而知。理论和实践都表明，在不同的经济环境下，风险投资的行为可能并不一致。因此，我们需要探讨风险投资对中国资本市场股票价格信息质量的作用，并考察风险投资是否与其他机构投资者有区别。

6.2.4 研究假设的提出

实践表明，风险投资的行为可能在新兴市场（例如中国的资本市场）具有特殊性。风险投资作为一种以盈利为目的的组织，更注重的是积累资本，而不是提升被投资的价值。虽然有学者认为风险投资在新兴经济体的存在促进了创新，提高了财务绩效（Ahlstrom and Bruton，2006），但仍有一些学者发现风险投资的参与表现出了盈利操纵和信息不透明（胡志颖等，2012；蔡宁，2015）。本书认为，风险投资能够增加公司价值，与其操纵股价信息质量之间是没有矛盾的，这两种行为都是为了最大化他们的所有权回报，所以他们的增值活动并不排斥操纵信息的意愿。事实上，风险投资的增值活动增加了股票的内在价值，而信息操纵调节了股价，这两者都符合风险投资的利益。然而，在成熟经济体中，风险投资受到严格的法律法规的限制，很难操纵信息，而在新兴经济体中，却缺乏这样的投资者保护。同时，新兴国家的风险投资机构大多实力不强，他们非常渴望通过积累资本来壮大自己，这也可能促使他们与被投资公司合谋隐瞒私有信息，以实现投资回报的最大化。

吉兰和斯塔克（2000）的研究表明，机构投资者在全球范围内可以缓解代理问题，提高信息透明度，风险投资作为一类机构投资者，他们的存在能否提高中国上市公司的股价信息质量？目前依然没有文献讨论。但是，实践调查表明，风险投资可能是一类特殊的机构投资者，这是因为：风险投资与被投资公司管理层的关系比其他机构投资者更密切。原因是风险投资在这些公司上市之前就投资了它们，并且在它们的董事会中占有一席之地。因此，风险投资与管理层的关系持续时间更长，交流更加深入，这使得他们更容易成为"利益共同体"，从而"共谋"隐瞒公司特质信息。

基于上述讨论，本章提出两个竞争性假设：

H1：风险投资的参与能够提高被投资公司的股价信息质量。

H2：风险投资的参与能够降低被投资公司的股价信息质量。

6.3 研究设计

本章初始的样本与数据选择与第 4 章中 4.2.1 小节一致，为了保证股价同步性计算的有效性，笔者剔除了每年交易周数小于 30 的样本，最终得到 21 541 个公司年度观测值。

6.3.1 股价信息质量的度量

在本章中，笔者使用股价同步性来度量股价信息质量。具体方法是，使用市场模型估计出来的 R^2 来代表股价的信息，那么对于一个上市公司在第 i 年的股价信息质量就由下面的模型（6-1）定义：

$$\text{Synch} = \ln\left(\frac{R_{i,t}^2}{1 - R_{i,t}^2}\right) \tag{6-1}$$

模型（6-1）中的 Synch 代表股价同步性，其数值的高（低）代表股票价格具有较小（大）的公司特定信息内容，与此对应，市场回报解释了更大（小）的股票波动的信息。简单来说，如果 Synch 数值更大，那么意味着其所代表的上市公司在第 i 年的股价同步性更高，股价所包含的特定信息性更低，即该公司的股价信息质量较差，反之则反。

模型（6-1）中的 R^2 由市场模型（Roll，1988；Morck et al.，2000）的残差来确定，具体内容如下：

$$\text{Return}_{i,t} = \alpha_i + \beta_1 \text{market}_t + \varepsilon_{i,t} \tag{6-2}$$

在模型（6-2）中，$\text{Return}_{i,t}$ 表示上市公司 i 在某年的第 t 周的周收益，market_t 为该年第 t 周的加权市场回报。由于该模型没有考虑到行业层面的信息，因此杜尔内夫等（2004）提出了一个双因素的市场模型，该模型的具体内容如下：

$$\text{Return}_{i,t} = \alpha_i + \beta_1 \text{market}_t + \beta_2 \text{industry}_{j,t} + + \varepsilon_{i,t} \tag{6-3}$$

在模型（6-3）中，$\text{industry}_{j,t}$ 是一个排除上市公司 i 的同年第 t 周的加权行业回报，之所以排除上市公司 i，是希望避免上市公司 i 的存在，增加自身的股价关联度。需要说明的是，此行业的分类是根据 2012 年中国证监会行业分类标准划分的。

皮奥特罗斯基和鲁尔石（2004）认为，前一期的市场和行业因素也会影响本期的股价同步性，因此，他们在杜尔内夫等（2004）的市场模型中加入了前一期的行业和市场因素，具体内容如下：

$$\text{Return}_{i,t} = \alpha_i + \beta_0 \text{market}_{t-1} + \beta_1 \text{market}_t + \beta_2 \text{industry}_{j,t} + $$
$$\beta_3 \text{industry}_{j,t-1} + \varepsilon_{i,t} \tag{6-4}$$

在模型（6-4）中，market_{t-1} 表示第 t-1 周的加权市场回报，而 $\text{Industry}_{j,t-1}$ 表示行业 j 在第 t-1 周的加权行业回报。

由于 R^2 的估计使用了四种不同的市场模型，因此，在本章中，笔者依次使用 Synch1，Synch2 和 Synch3 来代表莫克等（2000），杜尔内夫等（2004）以及皮奥特罗斯基和鲁尔石（2004）模型估计出来的 R^2 代入模型（6-1）所得到的结果。

因此，本章有三个因变量，他们依次是 Synch1，Synch2 和 Synch3，这些变量的数值越高，代表其所对应的上市公司股价同步性越高，股价信息质量越低。

6.3.2　检验模型的建立

为了检验本章的研究假设 H，笔者建立如下的回归模型：

$$\text{Synch}_{i,t} = \beta_0 + \beta_1 \, \text{VC}_{i,t} + \sum_k \beta_k \, \text{control}_{i,t}^k + \varepsilon_{i,t} \qquad (6-5)$$

其中，下标 i，t 分别代表公司和年份，k 为控制变量，VC 代表风险投资参与变量，其变量构建与 4.2.2 小节一致，Synch 代表股价同步性，其计量方式见 6.3.1 小节，笔者也控制了一系列的公司、行业和市场特定变量，这些变量包括 4.2.5 小节中的控制变量，以及日换手率的年份平均值（Turnover）。Turnover 的计量方法是每日交易量除以总股份数，然后计算年份的平均值。

6.4　实证检验结果

6.4.1　变量的描述性统计

本章回归模型（6-5）中的 VC 变量和除 Turnover 以外的控制变量已经在 4.2 节中报告，在此不再赘述。以下报告的是本章因变量和 Turnover 变量的描述性统计。如表 6-1 所示。

表 6-1　变量的描述性统计表

变量符号	观测值	均值	中位值	标准差	最小值	最大值
Synch1	21 541	-1.053	-0.828	1.332	-14.44	2.071
Synch2	21 541	-0.488	-0.386	1.020	-11.88	2.371
Synch3	21 541	-0.273	-0.226	0.876	-4.891	2.415
Turnover	21 541	1.764	1.405	1.325	0.004	16.47

6.4.2　回归模型分析

表 6-2 分析了风险投资持股对股价信息质量的影响效应。笔者使用股价同步性变量来代替股价信息质量，通过回归模型（6-5），可以看出，风险投资持股（VC）显著负向影响股价同步性，即风险投资的存在降低了上市公司股价信

息中的市场和行业信息，增加了该公司的特质信息，提高了股价信息质量。

表 6 - 2 风险投资对股价同步性的影响效应

变量符号	(1)	(2)	(3)
	Synch1	Synch2	Synch3
VC	- 0. 216 *** (- 8. 44)	- 0. 147 *** (- 7. 21)	- 0. 083 *** (- 4. 82)
Size	0. 071 *** (8. 14)	0. 138 *** (20. 06)	0. 112 *** (19. 27)
Lev	- 0. 343 *** (- 7. 07)	- 0. 474 *** (- 12. 30)	- 0. 391 *** (- 12. 00)
ROA	- 1. 192 *** (- 9. 46)	- 0. 681 *** (- 6. 80)	- 0. 612 *** (- 7. 23)
TobinQ	- 0. 107 *** (- 18. 01)	- 0. 069 *** (- 14. 52)	- 0. 064 *** (- 15. 90)
Dual	- 0. 091 *** (- 5. 17)	- 0. 059 *** (- 4. 24)	- 0. 048 *** (- 4. 07)
Independent	- 0. 277 * (- 1. 93)	- 0. 023 (- 0. 20)	0. 028 (0. 29)
Top1	- 0. 429 *** (- 7. 77)	- 0. 272 *** (- 6. 18)	- 0. 251 *** (- 6. 76)
Turnover	- 0. 213 *** (- 27. 77)	- 0. 118 *** (- 19. 37)	- 0. 094 *** (- 18. 20)
Constant	- 1. 253 *** (- 6. 17)	- 2. 512 *** (- 15. 56)	- 1. 967 *** (- 14. 43)
Industry	YES	YES	YES
Year	YES	YES	YES
Observations	21 541	21 541	21 541
R-squared	0. 308	0. 254	0. 279

注：括号内的数值表示对应系数的 t 统计量值，***、**、* 分别表示在 1%、5%、10% 水平上显著。

由表 6 - 2 的第（1）列，VC 变量显著负向影响由莫克等（2000）市场模型得到的 R^2，由于在此模型中没有加入行业因素，因此，第（1）列只说明风险投资参与降低了上市公司中的市场同步性信息，提高了该公司的股价信息质量；由

表 6 - 2 的第（2）列，VC 变量显著负向影响由杜尔内夫等（2004）市场模型得到的 R^2，在该模型中，不仅有市场因素，也有行业因素，这说明风险投资的参与不仅可以降低上市公司中的市场同步性信息，也能够降低上市公司中的行业同步性信息，即风险投资的存在可以将被投资公司的特质信息从市场和行业信息中释放出来，增加该公司的股价信息质量。由表 6 - 3 的第（3）列，VC 变量显著负向影响由皮奥特罗斯基和鲁尔石（2004）市场模型得到的 R^2，在这个模型中，不仅考虑了市场和行业的本期信息，也考虑了市场和行业的前一期信息。这个结果进一步说明风险投资的参与不仅可以将上市公司特质信息从本期市场和行业信息中释放出来，而且能够摆脱上一期市场和行业信息的干扰，确认了风险投资持股具有增加被投资公司信息质量的属性。

综上所述，风险投资的参与能够降低上市公司中市场和行业信息的同步性，增加公司特质信息的释放，提高了公司的股价信息质量，有助于资本市场信息传递，因此，该检验结果支持竞争性假设中的 H1，即风险投资在中国依然遵循成熟资本市场的规律，能够发挥监督上市公司管理层的作用，他们不会与管理层"合谋"，阻止公司特质信息流出，相反，他们的存在有助于这些信息流向市场，增强了投资者的信息质量。

笔者推测，出现上述结果的原因可能有三点：第一，我国资本市场不断发展，信息披露制度日益完善，这使得上市公司和风险投资机构作为大股东，都难于再隐藏公司信息。第二，投资者意识不断觉醒。例如，康美药业集体诉讼案就反映了中小股东维护自身权益的法律意识。这些中小股东不再做"沉默的大多数"，而是在利益受到侵害的时候，或是通过公开媒体呼吁，或是积极诉诸法律，这都给上市公司的大股东（以控股股东为代表）和管理层以一种"无形的约束力"，使其不敢再"合谋"阻止公司特质信息流出，损害中小股东利益。第三，风险投资机构实力不断增强。进入 21 世纪以来，中国资本市场的风险投资发展迅速，经过 20 年的积累，很多大型风险投资机构资金实力非常雄厚，他们不再遵循"逐名策略"，而是像成熟资本市场上的风险投资同行那样，遵循"认证/监督策略"，积极监督被投资公司的管理层，保证自身在资本市场上的声誉（reputation）。

6.4.3　稳健型检验

首先，风险投资对股价同步性的内生性检验。识别风险投资在被投资公司中的真实效应是风险投资治理研究的一个难题。很难说风险投资对上市公司股价同步性的影响是真实存在的，因为有一种可能，即信息质量高的创业型公司更容易引入风险投资机构，或者是风险投资机构选择了信息透明度高的创业型公司介入。由于这种可能性的存在，因此进行内生性检验是十分必要的。本研究借鉴霍赫伯格（2012）的思想，将上市公司所在地的风险投资机构数量作为工具变量。很显然，一个地区风险投资机构数量多，那么这个地区的创业型公司更容易引入风险投资，而风险投资机构数量与上市公司的股价信息质量并不相关，因此这个工具变量在理论上符合要求。笔者建立风险投资持股（VC）变量的工具变量（IV），为了计量的一致性，使用上市公司所在地的风险投资机构数量的自然对数，即：

$$IV = \ln（上市公司所在地的风险投资机构数量）$$

在两阶段最小二乘回归模型（two stage least square）中，第一阶段使用Probit回归，证明了VC变量与IV变量在1%水平上显著正相关，这说明IV能够很好地代表VC。第二阶段的结果如表6-3所示，在第（1）列中，IV与莫克等（2000）市场模型得到的R^2显著负相关，与表6-2中的第（1）列一致，说明风险投资的参与能够降低被投资公司的市场信息同步性，增加特质信息的释放；在第（2）列中，IV与杜尔内夫等（2004）市场模型得到的R^2也是显著负相关，与表6-2中的第（2）列一致，进一步说明风险投资的参与能够降低被投资公司的市场和行业股价同步性，提高了自身特质信息的释放；在第（3）列中，IV与皮奥特罗斯基和鲁尔石（2004）市场模型得到的R^2依然是负相关，与表6-2中的第（3）列一致，说明风险投资的参与不仅可以降低当期市场和行业信息的干扰，也可以规避上一期同类信息的干扰。据此，笔者认为，风险投资降低上市公司的股价同步性是风险投资治理的真实效应，竞争性假设H1进一步被证明。

表6-3　　　　　　　　　　　　工具变量检验

变量符号	(1)	(2)	(3)
	Synch1	Synch2	Synch3
IV	-4.815***	-2.989***	-2.834***
	(-2.96)	(-2.65)	(-2.77)
Size	-0.215**	-0.039	-0.059
	(-2.11)	(-0.54)	(-0.92)

续表

变量符号	(1)	(2)	(3)
	Synch1	Synch2	Synch3
Lev	−0.187 ** (−1.97)	−0.380 *** (−5.83)	−0.300 *** (−5.08)
ROA	1.189 (1.38)	0.786 (1.31)	0.808 (1.49)
TobinQ	−0.238 *** (−5.06)	−0.149 *** (−4.57)	−0.142 *** (−4.79)
Dual	0.161 * (1.73)	0.094 (1.47)	0.100 * (1.74)
Indep	−1.006 *** (−2.93)	−0.466 ** (−1.98)	−0.401 * (−1.88)
Top1	−0.019 (−0.11)	−0.014 (−0.11)	−0.001 (−0.01)
turnover	−0.197 *** (−14.77)	−0.109 *** (−11.83)	−0.085 *** (−10.17)
Constant	5.432 ** (2.28)	1.634 (0.98)	2.045 (1.36)
Industry	YES	YES	YES
Year	YES	YES	YES
Observations	21 541	21 541	21 541

注：括号内的数值表示对应系数的 t 统计量值，*** 、** 、* 分别表示在 1% 、5% 、10% 水平上显著。

其次，改变股价同步性的计量方式。哈顿等（2009）提出，股价同步性不仅会受到当期和前一期的市场和行业信息干扰，也会受到后一期市场和行业信息的干扰，因此罗尔（Roll，1988）的市场模型可以进一步设计为：

$$Return_{i,t} = \alpha_i + \beta_0 market_{t-1} + \beta_1 market_t + \beta_2 industry_{j,t} + \beta_3 industry_{j,t-1}$$
$$+ \beta_4 market_{t+1} + \beta_5 industry_{j,t+1} + \varepsilon_{i,t} \tag{6-6}$$

笔者使用模型（6-6）得出新的 R^2，并将其代入模型（6-1）得到信息的股价同步性变量 Synch4，未披露的结果显示，风险投资参与依然显著正向影响 Synch4，这说明本书的研究结果比较稳健。

6.4.4 宏观因素的影响

宏观因素关注市场态势和市场开放性的影响。

首先，市场态势在风险投资对股价信息质量影响中的作用。周和李（2013）的研究发现，风险投资在牛市和熊市中存在不同的行为选择。在牛市中，投资者情绪高涨，不断推高股价，风险投资和上市公司都能获得收益，降低了信息操纵的动机，从而提高了股价信息质量；而在熊市中，投资者情绪悲观，不断抛售股票，风险投资和上市公司都惧怕股价崩盘，往往有更大的激励操纵信息，从而降低了股价信息质量。笔者通过实证分析，没有找到支持此结论的证据，因此，无法证明市场态势在风险投资对股价信息质量影响中发挥作用。

其次，市场开放性在风险投资对股价信息质量影响中的作用。钟覃琳和陆正飞（2018）的研究发现，资本市场开放可以增加信息透明度，加速公司基本面信息融入股价，强化股价的信号机制，从而提高股价信息质量。基于此，笔者以2014年沪港通开通年份为事件发生年，研究2014年之前5年和之后5年，风险投资对股价信息质量的影响是否存在差异。通过实证处理，没有证据支持此结论，即市场开放性没有影响风险投资对股价信息质量的作用。

综上所述，宏观因素对风险投资影响股价信息质量没有调节作用。

6.4.5 中观因素的影响

中观因素主要涉及产品市场竞争和行业不确定性。

首先，产品市场竞争在风险投资对股价信息质量影响中的作用。凯姆和张（2012）认为，市场竞争程度能够显著影响会计稳健性与股价信息质量之间的关系。据此，笔者推断，产品市场竞争程度的不同会影响风险投资的监督效应，进而影响被投资公司的股价信息质量。笔者采用赫芬达尔—赫希曼指数（HHI）来测量产品市场竞争程度，具体方法是用证监会2012年行业分类标准，对于制造业取前两位，其他行业均取前1位。对于每一个行业计算其行业中所有公司的主营业务收入除以行业营业总收入的平方和，数值越大，表示行业集中度越大，产品市场越趋于垄断，当行业内只有1家公司时，HHI指数为1，相反，该指数越小，意味着行业的集中度越低，产品市场越趋于竞争。笔者对每一年的HHI指数取平均值，当某个行业低于平均值时，意味着这个行业竞争性较强，反之则反。通过实证检验，风险投资在产品市场竞争度高和低两组中均显著降低股价信息质量，检验两组的系数发现，两者没有显著性差别，这意味着风险投资对股价信息质量的影响不随产品市场竞争的变化而发生变化，即风险投资不论是在垄断市场，还是在充分竞争市场，都能够有效地降低股价同步性。

其次，行业不确定性在风险投资对股价信息质量影响中的作用。笔者受董静等（2017）的启发，意识到行业不确定性可能会影响风险投资和上市公司的行为。借鉴先前的研究（Carpenter and Fredrickson，2001），将上市公司所在行业前 5 年的行业收入对时间进行回归，拟合以下方程：

$$y_{i,t} = \alpha_i + \beta_i t_i + \varepsilon_{i,t} \tag{6-7}$$

其中，$y_{i,t}$ 表示行业 i 第 t 年的销售收入，t_i 为时间自变量，$\varepsilon_{i,t}$ 为残差项。回归后得到自变量系数的标准差，然后用该标准差除以行业 i 的 5 年窗口期内销售收入的平均值 $\bar{y}_i$，得到行业 i 的不确定性。根据实证检验结果，风险投资变量与行业不确定变量交乘项的系数不显著，这说明行业不确定性在风险投资影响股价信息质量中没有影响。

综上所述，中观因素（行业因素）对风险投资影响股价信息质量没有调节作用。

6.4.6　微观因素的影响

微观因素主要考察信息透明度和审计质量的影响。

首先，信息透明度在风险投资对股价信息质量影响中的作用。金和梅耶尔（2006）认为信息不透明将导致上市公司个体信息进入股票价格的含量减少，从而导致股票价格个体性的波动程度减弱，股票价格的同步性增高。参考先前的研究（Dechow and Dichev，2002），构建如下的模型：

$$TCA_{i,t} = \alpha_0 + \alpha_1 CFO_{i,t-1} + \alpha_2 CFO_{i,t} + \alpha_3 CFO_{i,t+1}$$
$$+ \alpha_4 \Delta REV_{i,t} + \alpha_5 PPE_{i,t} + \varepsilon_{i,t} \tag{6-8}$$

其中，$TCA_{i,t}$ 指总流动应计利润，等于营业利润减去经营现金流量再加上折旧和摊销费用，$CFO_{i,t}$ 是指经营现金流量，$\Delta REV_{i,t}$ 指营业收入改变量，$PPE_{i,t}$ 指年末固定资产价值，i 和 t 分别是公司和年度标示，$\varepsilon_{i,t}$ 指误差项。上述所有变量都除以平均总资产以进行平减。通过行业—年度分组回归，可以得到各公司各年份的回归残差，即为当年的操控性应计利润。为了得到盈余质量指标 DD，笔者计算

t-4 年到 t 年的回归残差的标准差，然后乘以 -1。该数值越大，表示盈余质量越高。笔者主要关注 VC 和 DD 的交乘项系数是否显著，通过实证检验，发现该系数对三个股价同步性变量均不显著，这说明信息透明度在风险投资影响股价信息质量中不发挥作用。

其次，审计质量在风险投资对股价信息质量影响中的作用。审计的核心目标之一是合理保证财务信息质量。显然，审计质量越好，财务信息质量就越高，财务信息被操纵的可能性就越低。参考董小红和孙文祥（2021）的研究，笔者构建如下模型：

$$\text{Opinion}_{i,t} = \alpha_0 + \alpha_1 \text{QuickR}_{i,t} + \alpha_2 \text{AR}_{i,t} + \alpha_3 \text{Other}_{i,t} + \alpha_4 \text{Inv}_{i,t} + \alpha_5 \text{ROA}_{i,t} + \alpha_6 \text{Loss}_{i,t}$$
$$+ \alpha_7 \text{Lev}_{i,t} + \alpha_8 \text{Size}_{i,t} + \alpha_9 \text{Age}_{i,t} + \text{Industry} + \text{Year} + \varepsilon_{i,t} \qquad (6-9)$$

其中，$\text{QuickR}_{i,t}$ 表示速动比率，$\text{AR}_{i,t}$，$\text{Other}_{i,t}$，$\text{Inv}_{i,t}$，$\text{ROA}_{i,t}$，$\text{Loss}_{i,t}$，$\text{Lev}_{i,t}$，$\text{Size}_{i,t}$，$\text{Age}_{i,t}$ 依次表示上市公司的应收账款占总资产比例，其他应收款占总资产比例，存货占总资产比例，总资产报酬率，年末是否亏损，资产负债率，公司规模（用总资产的对数表示），上市年限的对数。Industry 和 Year 分别表示行业和年份虚拟变量。通过 OLS 回归，残差即为审计师发表的实际审计意见与预计发表无保留审计意见的差距，如果此项差距过大，则表示审计质量较差。为了研究方便，笔者取残差项绝对值的负数代表内部控制质量 AQ，该数值越大，代表审计质量越好。我们关心风险投资与审计质量交乘项系数的显著性，实证分析显示，该系数不显著说明审计质量在风险投资影响股价信息质量的过程中也不发挥作用。

综上所述，微观因素（主要指公司的信息质量）对风险投资影响股价信息质量没有调节作用。

6.5　风险投资对股价崩盘风险的影响效应

股价崩盘风险是另一种度量上市公司股价信息质量的方式。股价崩盘通常是由于管理层隐藏的公司"坏消息"突然爆发引起的（Kothari et al.，2008；Kim et al.，2011）。显然，如果上市公司信息透明度较高，就有较小的可能隐藏坏效应，从而不会爆发股价崩盘事件。由此，本部分探索风险投资持股能够抑制被投资公司隐藏坏消息的可能，进而降低股价崩盘风险的发生。

6.5.1　股价崩盘风险变量的度量和描述性统计

基于前人的研究（Hutton et al., 2009；Kim et al., 2011；许年行等，2013），股价崩盘风险的度量方法如下：

（1）利用股票 i 的周收益率，作如下回归：

$$R_{i,t} = \alpha_i + \beta_1 R_{m,t-2} + \beta_2 R_{m,t-1} + \beta_3 R_{m,t} + \beta_4 R_{m,t+1} + \beta_5 R_{m,t+2} + \epsilon_{i,t} \quad (6-10)$$

其中，$R_{i,t}$ 指的是股票 i 在第 t 周考虑现金红利再投资的收益率，$R_{m,t}$ 指的是 A 股所有股票在第 t 周经流通市值加权的平均收益率。定义周特质收益率为：

$$W_{i,t} = \ln(1 + \epsilon_{i,t}) \quad (6-11)$$

（2）在公司周特质收益率的基础上构建三个度量股价崩盘风险的指标，其一是使用负收益偏态系数（NCSKEW）来度量股价崩盘风险。具体公式为：

$$\text{NCSKEW}_{i,t} = -\frac{n(n-1)^{3/2} \sum W_{i,t}^3}{(n-1)(n-2)\left(\sum W_{i,t}^2\right)^{3/2}} \quad (6-12)$$

其中，n 为股票 i 在某年的交易周数。NCSKEW 的值越大，意味着负收益偏态系数越大，股价崩盘风险越高。

其二是采用股价上升和下降阶段波动性的差异（down-to-up volatility，DUVOL）度量股价崩盘风险。对于每个公司、年度，首先定义特质收益率小于均值的周为下跌周，特质收益率高于均值的周为上涨周。其次分别计算出下跌周和上涨周特质收益率的标准差，得出下跌波动率和上涨波动率。最后，以下跌波动率除以上涨波动率并取自然对数，可以得到每一个公司、年度样本的 DUVOL 指标。计算公式如下：

$$\text{DUVOL}_{i,t} = \log \frac{(n_u - 1) \sum_{\text{down}} W_{i,t}^2}{(n_d - 1) \sum_{\text{up}} W_{i,t}^2} \quad (6-13)$$

其中，n_u 和 n_d 分别代表公司 t 的股价周特有收益率 $W_{i,t}$ 大于和小于其年平均收益率的周数。DUVOL 的值越大，代表收益率的分布越左偏，股价崩盘风险越大。

其三是衡量股价崩盘可能性指标（Crash）。该指标的度量方式如下：

$$\text{Crash}_{i,t} = 1\left[\exists t, \ W_{j,t} \leq \text{Average}(W_{j,t}) - 3.09\,\sigma_{j,t}\right] \quad (6-14)$$

其中，1［·］为指示函数，当股票 j 在一年中存在一周满足不等式时，变量取值为 1，表示该股票发生了崩盘事件，否则为 0。$\sigma_{j,t}$ 表示该股票第 t 年周持有收益的标准差，3.09 个标准差对应于正态分布概率小于 1% 的区域。

（3）建立两个影响股价崩盘风险的控制变量，其一是股票 i 在第 t 年的收益波动，为公司 i 在第 t 年周收益率的标准差（Sigma），其二是股票 i 在第 t 年的平均周收益率（Ret）。

上述三个股价崩盘风险变量和两个控制变量的描述性统计如表 6 - 4 所示。计算股价崩盘风险的样本数据与 4.2.1 小节一致，为了保证数据的有效性，剔除了每季度交易天数小于 30 的样本公司，最终得到公司—年度观测值为 22 783。从表 6 - 4 可以看出，三个股价崩盘风险变量的标准差都不低，这表示样本公司间存在着股票崩盘的差异，可以进行差异原因的探索。

表 6 - 4　　　　　　　　股价崩盘风险变量的描述性统计

变量符号	观测值	均值	中位值	标准差	最小值	最大值
NCSKEW	22 783	- 0.285	- 0.245	0.787	- 5.170	5.040
DUVOL	22 783	- 0.182	- 0.186	0.527	- 3.621	3.958
Crash	22 783	0.112	0.000	0.315	0.000	1.000
Ret	22 783	0.005	0.002	0.027	- 0.101	2.388
Sigma	22 783	0.070	0.059	0.073	0.0121	6.962

6.5.2　实证检验结果

笔者使用最小二乘法（OLS）回归模型来检验风险投资持股对股价崩盘风险的影响效应，在该模型中，6.5.1 小节中介绍的三个股价崩盘风险变量（NC-SKEW、DUVOL、Crash）是因变量，风险投资持股（VC）是自变量，控制变量在 4.2.5 小节的基础上加入 Sigma 和 Ret（具体计量方式见 6.5.1 小节），检验结果如表 6 - 5 所示。

表 6 - 5　　　　　　　　风险投资对股价崩盘风险的影响效应

变量符号	(1)	(2)	(3)
	NCSKEW	DUVOL	Crash
VC	- 0.048 *** (- 2.85)	- 0.021 * (- 1.85)	- 0.034 *** (- 4.97)
Size	- 0.010 * (- 1.79)	- 0.019 *** (- 5.06)	- 0.004 (- 1.60)

续表

变量符号	(1)	(2)	(3)
	NCSKEW	DUVOL	Crash
Lev	−0.090 *** (−2.76)	−0.063 *** (−2.90)	−0.024 * (−1.85)
ROA	−0.472 *** (−5.47)	−0.340 *** (−5.88)	−0.261 *** (−7.50)
TobinQ	0.013 *** (3.42)	0.005 * (1.82)	−0.002 (−1.10)
Dual	0.034 *** (2.90)	0.026 *** (3.33)	0.006 (1.24)
Indep	0.108 (1.12)	0.055 (0.85)	0.030 (0.76)
Top1	−0.118 *** (−3.20)	−0.061 ** (−2.48)	−0.005 (−0.36)
Ret	0.358 (0.76)	−0.424 (−1.34)	−2.004 *** (−10.51)
Sigma	−0.917 *** (−5.31)	−0.480 *** (−4.16)	0.541 *** (7.76)
Constant	0.144 (1.08)	0.364 *** (4.10)	0.224 *** (4.17)
Industry	YES	YES	YES
Year	YES	YES	YES
Observations	22 783	22 783	22 783
R-squared	0.038	0.042	0.024

注：括号内的数值表示对应系数的 t 统计量值，***、**、*分别表示在 1%、5%、10% 水平上显著。

从表 6 - 5 的第 (1) 列可以看出，采用 NCSKEW 来度量股价崩盘风险时，VC 的系数是 − 0.048，且 t = − 2.85，这说明风险投资持股能够在 1% 的水平上显著降低上市公司的股价崩盘风险；第 (2) 列采用 DUVOL 来度量股价崩盘风险，VC 的系数是 − 0.021，t = − 1.85，在 10% 的水平显著，也确认了风险投资持股能够降低股价崩盘风险；第 (3) 列采用 Crash 来度量股价崩盘风险，VC 的系数是 − 0.034，t = − 4.97，依然是在 1% 的水平上显著降低股价崩盘风险。由此，笔者认为风险投资的存在能够规避上市公司隐藏坏消息进而导致股价崩盘的风险，在一定程度上，可以说明风险投资能够提高被投资公司的股价信息质量，证明本章的竞争性假设 H1 是正确的。

6.6 研究结论

本章研究了风险投资参与对上市公司股价信息质量的影响。通过 OLS 模型检验，笔者发现风险投资持股变量（VC）显著负向影响股价同步性变量（Synch1、Synch2、Synch3），说明了风险投资参与能够降低上市公司市场和行业信息的同步性，增加自身特质信息的释放，有利于提高其股价信息质量，增加资本市场运行效率，支持了竞争性假设 H1 的内容。而且，在异质性检验中发现，宏观环境因素、中观行业因素以及微观企业因素的变化，都不改变风险投资对股价信息质量提高的效益，即风险投资对股价信息质量的提高具有一般性，凸显了风险投资机构的治理角色，确认了风险投资的存在对被投资公司信息质量的正向影响。

本研究丰富了风险投资治理和股价同步性两方面的研究文献，同时也为风险投资研究提供了新视角，对投资者、上市公司、风险投资机构以及资本市场监管部门具有重要的理论意义和实践意义。

需要指出的是，已有文献表明，风险投资在成熟资本市场具有"监督/认证"的作用（Bottazzi et al.，2008；Wright et al.，2009），但是一些新兴市场的研究否定了这种观点（Tan et al.，2013；胡志颖等，2012；蔡宁，2015）。本章的研究显示，风险投资机构在中国这样的典型新兴市场，依然符合成熟资本市场的规律，能够监督被投资公司，促进其特质信息融入股票价格，提升其股价信息质量。

该结论对投资者而言有重要的启示。股价同步性是衡量公司特质信息融入股价的重要指标，投资者基于该信息作出投资决策，因而有必要了解股价同步性的特性和影响因素。风险投资作为一类机构投资者，对股价同步性也能产生影响，这就为投资者提供了一个较好的参考，使他们在选择投资机会的时候，考虑风险投资参与的因素，并据此作出合理的投资决策。

本研究也对上市公司有重要的启示。融资定价和公司治理是公司在资本市场上市的重要原因，这要求公司的特质信息能够准确合理地融入股票的价格中。本章的研究表明风险投资是其信息环境的重要一环，对上市公司的信息传递发挥了重要的作用，能够降低股价同步性，并促进公司的信息环境优化。因此，上市公司应该重视风险投资股东，促进其在信息披露机制中发挥应有的作用。

本研究对风险投资机构有丰富的启示。进入 21 世纪以来，风险投资在全球资本市场蓬勃发展，有许多资本持有者进入该行业。然而，如何能让机构在众多竞争者中脱颖而出，这需要风险投资人的审慎决策。"监督/认证"作用是成熟资本市场上风险投资的选择，实践证明，风险投资只有遵循价值投资，才能在资本市场生存和发展下去，所以，风险投资人应该继续加强对被投资公司的监督，通过"对称的信息"来促进其公司价值增加。

此外，本研究对监管部门也有丰富的政策启示。提高股价信息质量，对增强中国资本市场运行效率，增强金融服务实体经济的能力有重大意义。资本市场的监管者应该支持风险投资机构发挥治理能力，鼓励其参与上市公司的信息披露过程，充分发挥其增加股价信息质量的作用。同时，监管部门也应出台一些措施，保证上市公司的特质信息能够及时融入股票价格，从而提升资本市场的信息传递能力。

总结

风险投资的存在显著提高了上市公司的股价信息质量，而且这种效应不随宏观环境因素、中观行业因素以及微观企业因素的变化而变化，因此，可以说，风险投资增强信息质量的作用具有一般性。这体现了风险投资作为大股东，具有监督/认证的作用，能够促进被投资公司释放特质性信息，降低公司内外信息不对称程度，有助于提高资本市场的有效性，符合"效率观"的假设，应该得到监管部门的重视。

第 7 章
风险投资、企业生产率与股价信息质量的内在关系

7.1 引　　言

　　已有研究认为，股价特质信息对企业全要素生产率（及企业生产率）具有显著提升作用（张志元等，2021）。其理论逻辑是：股价中不仅包括企业管理者所掌握的信息，还包括资本市场中各种参与者所掌握的私人信息。这些私人信息具有一定的反馈效应，有助于帮助企业管理者发现有效的投资机会，而这些投资机会可以促使企业合理配置资源，从而提高生产效率。举例来说，企业管理者可能更加关注企业本身的生产能力和资源配置，忽视了行业、市场、政策，甚至国际形势等重要影响因素，而资本市场上的投资者虽然缺乏企业内部信息，但是会更加关注外部信息，通过分析外部信息来给企业定价，其结果就是增加了股价的特质信息含量，如果企业管理者能够捕捉到这些信息，加以分析和判断，就有可能提升全要素生产率。任灿灿等（2021）进一步发现，资本市场开放后，成熟投资者的引进优化了我国资本市场的投资者结构，有利于发掘企业异质性信息，降低股价同步性。这种股价信息质量的提高有利于形成更好的反馈机制，一方面可以降低企业的资源获取成本，另一方面可以形成有效的外部监督，两者均可改善企业资源使用效率，提升全要素生产率。该研究显示："好的投资者反馈"可以增强股价信息质量与企业生产率之间的正向关系。

　　笔者认为股价信息质量与企业生产率之间的因果关系值得商榷。已有文献的实证结果只能证明股价信息质量与企业生产率之间存在正相关关系，在逻辑上确认股价信息质量的提高能够带来企业生产效率的提高，其原因有两点：第一，企业生产率越高，经营绩效就会越好，股价也会因此上升，其结果就是引发资本市场的关注，当越来越多的投资者关注并研究该公司时，股价就会反映更多的特质

信息，从而降低同步性；第二，企业生产率提高，管理者为了自身或企业利益，很有可能向资本市场释放更多的信息，以吸引投资者的关注，其结果也能增加股价中特质信息的含量。因此，本书尝试另一种逻辑：企业生产率是"因"，股价信息质量是"果"，即企业生产率的提高可以促进股价信息质量的提升。进一步地，笔者考虑"风险投资"在企业生产率影响股价信息质量中的调节效应。风险投资具有"认证效应"，可以增强资本市场上投资者的信心，增加"好的投资者反馈"，从而增强企业生产率与股价信息质量的正相关关系。如果检验的结果确认了这种猜想，那么可以说明风险投资持股增加了股价中的信息含量，将企业生产率的信息传递给了资本市场，符合"效率观"的假设；反之，检验结果如果不相关或是降低了这种关系，那么只能说明风险投资阻碍了企业生产率信息传递到资本市场，增加了上市公司与资本市场的信息不对称程度，符合"逐名观"的假设。

综上所述，本章首先检验企业生产率对股价信息质量的影响效应，其次，在上述影响效应的基础上，检验风险投资在其中的调节作用，试图提炼出风险投资、企业生产率与股价信息质量三者之间的内在联系。

7.2　研究设计

为了检验企业生产率对股价信息质量的影响效应，笔者建立如下模型：

$$\mathrm{Synch}_{i,t} = \beta_0 + \beta_1 \, \mathrm{TFP}_{i,t} + \sum_k \beta_k \, \mathrm{control}_{i,t}^k + \varepsilon_{i,t} \qquad (7-1)$$

其中，$\mathrm{TFP}_{i,t}$ 与第五章 5.2 节的计量方式一致，这里依然使用 OLS、OP 以及 LP 三种方法进行测量，$\mathrm{Synch}_{i,t}$ 与第六章 6.3.1 小节的计量方式一致，有三个因变量，依次是 Synch1、Synch2 和 Synch3，这些变量的数值越高，代表其所对应的上市公司股价同步性越高，股价信息质量越低。控制变量组 $\mathrm{control}_{i,t}^k$ 与第四章的 4.2 节一致。

进一步地，笔者尝试检验风险投资在企业生产率对股价信息质量影响中的调节作用，建立如下模型：

$$\mathrm{Synch}_{i,t} = \beta_0 + \beta_1 \, \mathrm{VC}_{i,t} + \beta_2 \, \mathrm{TFP}_{i,t} + \beta_3 \, \mathrm{VC}_{i,t} \times \mathrm{TFP}_{i,t} + \sum_k \beta_k \, \mathrm{control}_{i,t}^k + \varepsilon_{i,t}$$

$$(7-2)$$

其中，$VC_{i,t}$ 和控制变量组 $control_{i,t}^k$ 与第四章的 4.2 节一致，$TFP_{i,t}$ 和 $Synch_{i,t}$ 的计量与模型（7-1）一致。笔者关注交乘项 $VC_{i,t} \times TFP_{i,t}$ 的系数 β_3。

7.3 回归分析结果

7.3.1 企业生产率对股价信息质量的影响效应

借助 Stata 软件，笔者检验了模型（7-1），发现在样本中，企业生产率与股价同步性（股价信息质量）存在显著的负（正）相关关系，具体结论如表 7-1 所示。

表 7-1　企业生产率对股价信息质量的影响效应

变量符号	Synch1	Synch2	Synch3
TFP_OLS	-0.046*** (-3.71)	-0.022** (-2.33)	-0.019** (-2.40)
TFP_OP	-0.037*** (-2.93)	-0.032*** (-3.28)	-0.030*** (-3.58)
TFP_LP	-0.048*** (-3.83)	-0.020** (-2.09)	-0.022*** (-2.73)

注：本表只列示企业生产率变量与股价同步性变量的回归系数，括号内的数值表示对应系数的 t 统计量值，***、**、* 分别表示在 1%、5%、10% 水平上显著。

可以看出，表示企业生产率的三个变量（TFP_OLS、TFP_OP、TFP_LP）对表示股价同步性的三个变量（Synch1、Synch2、Synch3）的回归系数均在 5% 的水平上显著，这与张志元等（2021）的实证结果一致，但是笔者认为因果关系是相反的，即企业生产率的提高可以降低股价同步性，从而提高股价信息质量。之所以这样解释，主要原因是：企业生产率的提高可以通过管理层释放信息来增强股价特质信息，但是股价信息质量提高却未必会被管理层捕捉到，或者即使捕捉到也很难提炼出引导资源配置的信息。因此，笔者认为企业生产率与股价信息质量的关系可能与张志元等（2021）的逻辑相反，不是股价信息质量引导企业生产率变化，而是企业生产率导致股价信息质量变化。

7.3.2 风险投资在企业生产率对股价信息质量影响中的调节作用

笔者使用模型（7-2）来检验风险投资在企业生产率与股价信息质量之间

的调节作用，结果显示风险投资的确可以增强企业生产率对股价信息质量的正向影响，但是该影响不具有显著性。这是一个有意思的结果，笔者尝试进行解释：首先，由 5.3.1 小节的结论看出，风险投资持股并不能提高企业的生产效率，由此可以推断风险投资在企业中可能与生产效率关系不大，因而也就不会在企业生产率与股价信息质量的关系中发挥作用；其次，由 6.4.2 小节的结论看出，风险投资持股具有提高企业股价信息质量的作用，因此，我们能够看到风险投资变量 VC 与企业生产率变量 TFP 的交乘项正向影响负的股价同步性变量（Synch），这是风险投资本身就具有的效应；最后，笔者推断，风险投资和企业生产率可能是"独立地"影响股价信息质量，两者之间不存在"叠加"效应，即风险投资持股不会在企业生产率提高时，增加特质信息的释放，其原因在于风险投资股东本身就具有"监督/认证"的作用，不会因为企业生产率的变化而改变自身的角色，所以我们就看不到其在企业生产率与股价信息质量之间的调节作用。

7.4 研究结论

本章研究了风险投资、企业生产率与股价信息质量三者之间的内在联系，得出如下结论：企业生产率对股价信息质量具有显著的正向影响，但是风险投资在企业生产率与股价信息质量的关系中不具有调节作用。这说明风险投资与企业生产率可能是"独立地"对股价信息质量产生影响，他们各自与股价信息质量的关系不会受到另一方的影响，风险投资不具有"投资者反馈"作用。该结果与第五章的结论一致，即风险投资与企业生产率之间不存在相关关系。风险投资持股会提高股价信息质量，但是不会提高企业的生产效率。

总结

风险投资在企业生产率与股价信息质量的关系中，不存在调节作用，这与之前的假设不一致，其原因是风险投资对以全要素生产率表示的企业生产率不产生影响，进而也就不会在企业生产率与股价信息质量的关系中发挥作用。

第 8 章
风险投资的公司治理效应

8.1 引　　言

　　风险投资是 20 世纪以来全球金融领域最具影响力的创新之一。与传统的公开发行不同，风险投资机构通常以非公开的方式向特定投资人筹集资金，然后以基金的形式向目标公司进行权益性投资，最终通过 IPO、并购或资本市场股权转让等方式实现退出并获得收益。由于新兴的投资方式和丰厚的投资回报，近年来，风险投资在世界各国均得到了迅速的发展，尤其在我国，风险投资规模逐年递增，影响力不断提高。然而，风险投资在公司治理中扮演的角色依然是学术界争论的核心问题。以勒纳（1995）和冈普斯（1995）为代表的学者认为，风险投资的介入能够提高被投资公司的治理水平，进而增加经营绩效和企业价值。而以谈毅等（Tan et al.，2013）为代表的学者则认为，风险投资在我国既没有改善被投资公司的经营绩效，也没有改善其公司治理。

　　面对此种争论，本节试图以中国资本市场为背景，通过广泛认可的公司治理评价标准来探索风险投资的介入能否提高被投资公司的治理水平。研究发现：有风险投资介入的上市公司不仅公司治理总水平较高，而且投资者保护也较好；进一步考察得出：在非国有企业和制度环境较好的地区，风险投资具有显著的治理效应，而在国有企业和制度环境较差的地区，风险投资则不具有公司治理效应。研究结果表明，风险投资能够提高我国上市公司的治理水平和投资者保护，但是在不同的情境下（产权性质和制度环境），其治理结果存在较大的差别。

　　通过研究，可能有以下三个方面的贡献：第一，考察了风险投资的介入对公司总体治理水平的影响。以往的风险投资研究只关注公司治理的某一方面，如高管薪酬契约（王会娟和张然，2012）、盈余管理（胡志颖等，2012）、技术创新

（苟燕楠和董静，2014）等，没有反映公司的整体治理情况。为了弥补这一空白，本研究使用中国资本市场上广泛认可的治理评价指标来检验风险投资的治理效应，以期能揭示风险投资的介入对被投资公司整体治理水平的影响。第二，从投资者保护的角度研究了风险投资的治理效应。先前的学者大多着眼于风险投资对被投资公司内部人的约束，很少关注风险投资对外部投资者的影响。本研究以信息披露指标来代表被投资公司对外部投资者的保护，以此来考察风险投资的介入能否降低外部投资者的信息不对称程度。第三，研究了不同情境下风险投资治理效应的变化。已有的风险投资文献只考虑了不同特征风险投资机构的治理效应（陈工孟等，2011），没有考虑到不同情境的影响。本研究从产权性质和制度环境两个方面，分析了不同情境下风险投资治理效应的差异，丰富了风险投资治理文献，增加了资本市场对风险投资治理有效性的认识。

8.2　文献综述

本节从以下几个角度综述了风险投资治理文献。

8.2.1　风险投资参与公司治理的原因

风险投资之所以能够成为"积极股东"，参与公司治理，主要有以下三个方面的原因：第一，风险投资的单次投资额较大，如果失败会损失巨大。史密斯（1996）认为，机构投资者由于持股量大，很难在不影响股票市场波动的情况下退出公司。所以他们有动机"用手投票"，通过《公司法》赋予的股东权力来抑制管理层的投机行为。风险投资是机构投资者的一种，因此，他们有动机参与被投资公司的治理活动，监督管理层的行为。第二，风险投资的专业知识使其具有治理能力。风险投资机构一般汇集了投资、经营和管理等方面的专业人才，可以全面评估被投资公司的管理层行为，并设计良好的激励和约束机制，促使其与自身的利益相一致。第三，风险投资的投资模式决定其不得不进行公司治理。风险投资一般投资于未上市（Pre-IPO）的公司，这样的公司股权交易受到限制，如果风险投资不进行积极治理，一旦管理层发生"侵占"，那么风险投资就无法通过"退出"来保护自身的利益。因此，风险投资只有依赖积极监督，通过改变公司治理结构和机制来约束管理层，促使其经营行为符合自身的投资利益。

8.2.2　风险投资参与公司治理的行为

从研究综述可以看出，风险投资的治理行为大致可以归为三类：监督或制约行为、激励行为以及咨询服务行为（Da Rin et al.，2011）。这三种行为均对介入公司有价值增值（value-added）效应，可以完善公司治理机制，提高公司治理水平。

监督或制约行为是指风险投资利用各种机制监控介入公司管理层的经营行为，约束其道德风险与逆向选择，使其行为符合自身的投资利益（Wright and Robbie，1998），而且这种行为也具有外部性，可以间接提高外部股东，特别是中小股东的利益（Wright et al.，2009）。已有研究发现（董静等，2014），风险投资在执行这种行为时主要通过三种机制：合同治理、信息机制以及社会资本与信任。其中合同治理是基于契约理论，即风险投资为了保护注入资金的安全，在构造投资合同时，与介入公司约定获得的各种权利，如现金流要求权（cash flow right）、控制权（control right）、投票权（voting right）和未来融资权（future financing），这些权利可以最大程度保护风险投资不受不可预见的事件或机会主义侵害，并将已识别的风险因素降到最低。信息机制是风险投资通过尽职调查和风险评估来判断介入公司经营过程是否得当，从而保证监督或制约行为正确进行（Trester，1993）。社会资本与信任指风险投资与介入公司以往的联系对监督或制约行为的影响。很多研究发现，风险投资机构或风险投资管理人与介入公司或其管理团队共享一种正面的社会或商业关系时，双方更有可能达成互相信任的合作关系（Batjargal and Liu，2004；Clercq and Sapienza，2006），进而减少风险投资在监督或制约上的投入。

激励行为是风险投资利用各种协议或机制来激发管理团队的积极性，促使其经营行为在最大程度上符合自身的利益和期望（Hellmann and Puri，2002；Kaplan and Strömberg，2004）。已有研究发现，风险投资的激励行为分为"投资前"和"投资后"两类。投资前的激励行为主要通过合同条款来体现，这些条款一般包括对赌协议（valuation adjustment mechanism）、反稀释条款（anti-dilution）、股权保留条款（vesting provision）、分阶段资本注入（staged capital input）、非竞争条款（non-compete clauses）、聘用约定（employment contract）和抵押条款（mortgage clause）等。它们大多具有相机性，如果管理团队业绩优秀，会分配到较多的利益，如果业绩不佳，会遭到相应惩罚，丧失一定的权利。投资后的激励行为也可以分为两类：一类是"物质性"的，一般指投资前约定激励条款的兑现，在这个过程中，风险投资会密切关注管理团队的经营业绩，谨慎评估其经营成果，最终决定激励条款是否兑现以及兑现的程度（Burchardt et al.，2016）；另一类是"精神性"的，一般指风险投资给予经营出色的管理团队更多的自主权和控制权，使其更加容易地按照自己的意愿作出经营和管理决策，即风险投资的信任度增加、干预度降低（Celikyurt et al.，2013）。

咨询服务行为亦称增值服务行为，指风险投资注入资本后，会利用自身的专业知识和社会网络向介入公司提供一系列的建议和资源（Gorman and Sahlman，1989）。这些建议和资源被认为是风险投资区别于其他类型投资的重要特征，其目的在于最大化投资价值并获得较高的资本收益（Large and Muegge，2008）。已有研究发现，咨询服务行为主要包括帮助介入公司建立社会资源网络，为管理团队物色合适人选，提供融资、法律、财务顾问，评估和优化经营管理战略，协助建设组织和运营体系，提供营销和产品技术方面的建议等（Barney et al.，1996；Hochberg et al.，2007；钱苹和张帏，2007；徐欣和夏芸，2015）。研究认为，这些行为的作用结果会因风险投资机构的能力不同而存在较大差异（Rosenstein et al.，1992）。一般来说，资金雄厚、历史悠久、行业排名靠前的风险投资机构会为介入公司提供较多的、有价值的咨询服务，而资金有限、新创立的风险投资机构则在这方面没有太大贡献（苟燕楠和董静，2014）。

8.2.3　风险投资参与公司治理的路径

以往的研究显示，风险投资对被投资公司的治理路径主要有两种：一种是通过股权行使股东权利。在实践中，公司引入风险投资一般有两个途径：其一是保持原所有人的股份数目不变，通过扩充股份的方式吸收风险资本；其二是保持股份总数不变，由某一原所有人（一般为创始人或其家族成员）出让股份给风险投资。不论上述哪种情况，被投资公司原有的股权结构都会发生变化，而风险投资正是在这变化的股权结构中要求自身的权力，进而改变公司治理结构和机制。另一种是通过董事会行使董事权力。风险投资进入被投资公司董事会后，会审查其财务报表、战略计划和投资方案，以使其管理层的经营符合自身的投资利益。同时，风险投资也会利用自身的社会网络和专业知识为被投资公司提供增值服务，增加其经营绩效和公司价值。由于董事会是公司治理的核心，因此风险投资在董事会中的积极行为会改变被投资公司原有的决策机制，进而影响其公司治理模式。上述具体过程如图 8 - 1 所示。

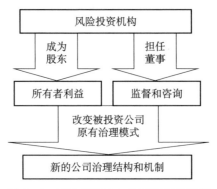

图 8 - 1 风险投资参与公司治理的路径

现有研究认为，风险投资在董事会机制下进行治理的理论基础是委托代理理论（agency theory）和资源依赖理论（resource dependency theory）。在委托代理理论（Jensen and Meckling，1976；Fama and Jensen，1983）下，风险投资是介入公司的外部投资人（亦称外部股东），为了降低与内部管理者的信息不对称，保护自身的投资利益，他们有动机进入董事会，利用董事会机制来监督和激励管理者，使他们的经营管理符合自身的利益和期望（Cable and Shane，1997；Sapienza and DeClerque，2000）。在资源依赖理论（Boyd，1990；Hillman et al.，2000）下，风险投资是介入公司的建议者和资源供应者，他们为了促进公司成长，提高自身的投资收益，有动机利用董事会机制，向缺乏经验的管理者提供专业知识（如财务、法律和管理），并帮助其开拓市场，融通资金，建立政商联系（Gabrielsson and Huse，2002；吴超鹏等，2011）。

限于数据的可得性，目前研究风险投资治理介入公司董事会的文献并不多，但是已有的文献也作出了很多贡献，主要体现在以下几个方面：第一，风险投资对董事会结构的影响。勒纳（1995）通过检验 20 世纪 80 年代的 271 家生物技术公司，贝克和冈普斯（2003）通过检验 1 116 家 IPO 公司，均发现风险投资的进入可以优化董事会治理结构。霍赫伯格（2012）也发现，风险投资介入的董事会具有更高的独立性。同时，张学勇和廖理（2011）在研究风险投资背景时，还发现在中国资本市场上，外资背景和混合型背景风险投资介入的董事会，其结构要

优于政府背景的。第二，风险投资对董事会聘用高级雇员的影响。勒纳（1995）
提出，风险投资的存在会提高 CEO 的更换率。赫尔曼和普瑞（2002）在研究硅
谷 173 家高技术公司时认为，风险投资会左右董事会对营销副总裁（Marketing
VP）的任用。伯特滋等（2008）以欧洲公司为样本，发现风险投资会积极参与
介入公司管理团队的聘用。伯尼尼等（2012）也发现风险投资在 CEO 和管理团
队选择上扮演重要角色。第三，风险投资对董事会成员的影响。通过访谈 49 位
风险投资管理人，学者发现风险投资在董事会成员选择上具有重要影响（Gorman
and Sahlman，1989）。在投资早期，风险投资会聘用专业外部董事来协助 CEO 工
作（Rosenstein，1993），风险投资介入的公司专业独立董事更多（Suchard，
2009）。萨班斯 - 奥克斯利法案提出后，风险投资为介入公司征募了更多的外部
董事（Amornsiripanitch et al.，2019）。

8.2.4　风险投资参与公司治理的结果

　　理论研究对风险投资参与被投资公司的治理有两种不同的理解：价值认证和
道德风险。价值认证理论认为风险投资具有认证、监督的功能，可以提高对内部
人的监督，降低信息不对称程度，有利于被投资公司治理水平的提高。而道德风
险理论则认为风险投资参与公司治理只是为了保证自己的投资收益，无益于被投
资公司治理水平的改善。基于此种争论，本节以下部分就从这两个角度来综述风
险投资的公司治理结果。

　　第一，对会计操纵程度的影响。在认证理论下，风险投资会积极监督和激励
被投资公司的管理层，并降低外部投资者和内部人的利益冲突，因此坚持该理论
的学者认为有风险投资参与的公司，其会计操纵程度较低，会计信息质量较高。
例如，研究发现，与没有风险投资介入的公司相比，有风险投资介入的公司盈余
管理程度较低（Ball and Shivakumar，2008）。其他学者也有类似的发现，他们以
IPO 为时间点，发现风险投资的参与能够降低公司的盈余操纵，提高财务报表的
可信度（Morsfield and Tan，2006；Hochberg，2012）。但是，道德风险理论不这
么认为。该理论的支持者认为风险投资具有"逐名动机（Grandstanding）"，其为
了在资本市场上建立声誉，有动机进行会计操纵，通过盈余管理的方式调节被投
资公司的经营绩效，以便自己在退出时能获得最大的投资收益。周等（2006）和
胡志颖等（2012）的研究为此提供了证据，他们发现风险投资在 IPO 时和 IPO 后

都有盈余管理行为。显然，这种行为会增加公司内外部投资者的冲突，不利于公司治理。

第二，对投融资效率的影响。学者在研究风险投资"认证效应"时提出，较高声誉的风险投资可以帮助介入公司获得低成本的外部融资（Megginson and Weiss，1991）。研究又发现风险投资与投资银行、商业银行等机构之间因业务往来而形成的广泛关系网络能够为介入公司的融资带来便利（Barry et al.，1990；Hochberg et al.，2007）。吴超鹏等（2011）系统研究了风险投资对上市公司投融资行为的影响，得出结论：风险投资的加入不仅可以抑制公司对自由现金流的过度投资，还可以增加公司的短期有息债务融资和外部权益融资，在一定程度上缓解因现金流短缺所导致的投资不足问题。

第三，对IPO折价率的影响。已有研究对于风险投资是增加还是降低介入公司IPO折价一直有不同看法和实证结果。认证监督理论（certification theory）认为，风险投资具有认证、监控的功能，它的参与能够提高对内部人的监督，降低信息不对称，给资本市场投资者以信心，从而降低介入公司的IPO折价率（Megginson and Weiss，1991；Wang et al.，2003）。声誉效应理论（reputation theory）则不同，其认为风险投资为了获得资本市场的认可从而募集到更多资金，为自己建立良好的声誉，有可能将不成熟的公司以IPO折价为代价，较早地推向公开市场（Gompers，1996；Lee and Wahal，2004；陈工孟等，2011）。冯慧群（2016）的研究提出，增加IPO折价以尽快回笼资金是风险投资早期发展阶段的行为，随着资本市场和风险投资机构的不断成熟，风险投资机构会有足够的实力等待介入公司价值最大化，不会以IPO折价为代价换取时间优势。

第四，对公司绩效的影响。很多文献肯定了风险投资对介入公司绩效存在积极影响（Wright and Robbie，1998；Metrick and Yasuda，2011）。徐欣和夏芸（2015）在研究中国资本市场风险投资IPO退出的影响因素和经济后果时，发现风险投资退出会对介入公司的绩效产生负面影响，即公司业绩会在风险投资退出后明显下滑。而且他们还发现风险投资退出时减持原有股份越多，公司绩效会变得越差。这从侧面证明了风险投资的进入对公司绩效有积极作用。张学勇和张叶青（2016）探究了风险投资提高公司绩效的驱动力，他们认为，风险投资支持的公司之所以会在上市之后表现突出，是因为风险投资的支持帮助企业建立了良好的创新能力，而创新能力会转化成上市后的市场表现。

第五，对公司治理结构和机制的影响。在认证理论下，霍赫伯格（2012）的研究认为，风险投资参与的公司有更优的治理结构和机制，尤其在被投资公司 IPO 时，风险投资可以很好地监督管理层行为，向资本市场投放积极信号，增强投资者信心，降低 IPO 折价率。勒纳（1995）的研究发现，风险投资在进入被投资公司董事会后，可以优化其决策过程，并在 CEO 更替时，增加自身董事数量以增强监督力。在有风险投资的公司中，董事会独立性更强（Suchard，2009）。而在道德风险理论下，风险投资为了获得退出收益，有可能和公司内部人合谋，形成不利于中小投资者的治理结构和机制（Howorth et al.，2004）。芒克斯（2006）同意此种观点，并提出风险投资的介入无益于公司治理的改善。此外，张学勇和廖理（2011）利用中国公司的数据检验得出，外资背景风险投资支持的公司，其治理结构要优于无外资背景的。由于外资风险投资机构存续时间更长、实力更强、经验更丰富，因此，可以推测成熟风险投资机构更重视被投资公司的治理状况。

第六，对代理问题的影响。认证理论认为风险投资的介入能够降低被投资公司的代理成本，缓和委托代理矛盾。王会娟等（2014）提出，风险投资能够影响被投资公司的现金股利政策，具体表现为有风险投资参与的公司更倾向于分配现金股利，而且现金股利支付率更高。由于现金股利的支付更能体现中小投资者的利益，因此风险投资的介入有利于减轻代理问题。冯慧群（2016）的研究也证实了这种看法，其提出风险投资能够降低中国上市公司的两类代理成本，有效地抑制管理层"侵占"和控股股东"剥夺"，优化委托代理问题。而道德风险理论却认为风险投资会为了自身的利益与公司内部人合谋，形成代理问题，增加代理成本。学者提出，风险投资为了帮助支持的公司尽快实现 IPO，会美化其经营绩效，以博得资本市场的青睐，这样就损害了不知情的中小投资者的利益，导致了代理矛盾（Lee and Wahal，2004）。杨其静等（2015）也提出，风险投资的参与既没有帮助被投资公司提高经营绩效，增加投资者的利益，也没有对其进行监督，发挥公司治理效应。这样，风险投资的存在就无益于代理矛盾的缓和。

综上，可以看出，已有的文献在风险投资治理结果上存在分歧，而恰希内等（2007）认为产生这种分歧的原因在于制度环境不同，他们认为风险投资只有在完善的金融和法律条件下才能发挥治理效应，因此，在我国，风险投资要进行公司治理，还有赖于政府在金融和法律方面的改革和推进。

8.2.5　风险投资参与公司治理的有效性

国内学术界对于风险投资治理有效性基本持正面看法，但是有部分学者持不同意见：利用我国中小企业样本，学者发现风险投资在 IPO 时既没有增加介入公司的价值，也没有提高其经营业绩（Tan et al.，2013）。由此，他们得出结论，在中国资本市场上风险投资治理不符合认证监督假说，反而部分支持逆向选择假说，即风险投资的存在不利于介入公司的发展。余琰等（2014）的研究特别指出国有风险投资的无效性，他们发现国有风险投资在投资行为上没有体现出政策初衷，而且在扶持创新上也没有表现出显著的价值增加作用。由此，他们认为国有风险投资倾向于私人利益假说，而不是社会价值假说。陈工孟等（2011）和胡志颖等（2012）的文章在一定程度上显示了风险投资的部分无效性，即风险投资机构在推动介入公司 IPO 时存在机会主义倾向，这不利于社会整体价值的提高。

国外学术界总体上认可风险投资治理的有效性，但是也有一部分学者强调风险投资选择行为的作用。使用双边匹配模型（two-sided matching model）估计，风险投资创造的大部分价值来源于选择行为（Sorensen，2007）。冈普斯等（2010）指出，顶尖风险投资机构更容易接触持续创造成功的企业家，而这些企业家很容易将公司做好，从而给风险投资带来高额回报。同时，很多风险投资从业人员在接受问卷调查时反映，他们在投资前会审慎地考察待选公司的各项指标，进而严苛地选出最有前景的公司进行注资（Gompers et al.，2016）。基于这些观点，许多学者在研究风险投资治理行为的影响效应时，就不得不排除选择行为的干扰。排除方法有两种：一种是代理变量法，例如伯恩斯特恩等（2016）使用新航线的开辟代表风险投资管理人的治理投入增加；另一种是 Heckman 两阶段模型法，例如伯特滋等（2008）的研究。

8.3　研究设计

8.3.1　变量选择和设计

本研究的自变量与 4.2.2 小节一致，因变量的设计如下：参考顾乃康和周艳丽（2017）、周茜等（2020）的做法，运用主成分分析法，从监督、激励和决策三个方面来构造指标度量公司治理水平。主要选择的指标包括高管薪酬（Wage）、高管持股比例（Share）、独立董事比例（Independent）、董事会规模（Board）、机构投资者持股比例（Investor）、股权制衡度（Balance）（即第二至第五大股东持股比例之和/控股股东持股比例）以及董事长与 CEO 是否两职合一（Dual）。其中，高管薪酬和高管持股比例用来表示公司治理中的激励机制，独立董事比例、董事会规模、机构持股比例以及股权制衡度用来表示公司治理中的监督机制，而两职合一用来表示公司治理中的决策机制。这 7 个指标集中反映了上市公司治理状况，是资本市场关注的重要内容，因此，用这 7 个指标提取主成分，构建公司治理指标，具有一定的理论和实践基础。

本研究的财务控制变量与 4.2.4 小节一致，公司治理变量由于与因变量存在共线性，所以不加入检验模型。

8.3.2　公司治理变量的主成分分析和描述性分析

基于上述 7 个变量指标，运用主成分分析法构建公司治理指标。Kaiser-Meyer-Olkin 检验（即 KMO 检验）值为 0.606，Bartlett 检验在 1% 水平上显著，说明适合进行主成分分析。由于第一主成分的特征值为 2.06，远大于其他主成分的特征值，因此，笔者选用第一主成分作为反映公司治理水平的综合指标，即公司治理变量（CG），该变量越大，代表公司的治理水平越高。在第一主成分中，Wage、Share、Independent、Board、Investor、Balance 以及 Dual 的载荷系数分别为 -0.242，0.497，0.314，-0.445，-0.492，0.190 和 0.346。从载荷系数大小来看，在所构建的公司治理变量中，高管持股（Share）、独立董事比例（Independent）和董事会规模（Board）影响比较大，这与周茜等（2020）用该方法构建公司治理指标时得到的结果一致。通过描述性分析，可以看出，新构建的风险投资变量（CG）的平均值为 0.073，标准差为 1.023，最小值为 -3.278，最大值为 3.669，具有一定的差异，可以探究其产生的原因。通过 T 检验，可以看出，存在风险投资的上市公司治理水平平均值为 0.677，不存在风险投资的上市公司的治理水平平均值为 -0.012，两者之间在 1% 水平上具有显著差异。

8.4 实证检验结果

8.4.1 风险投资对公司治理的影响效应

表 8-1 展示了风险投资对公司治理变量的 OLS 回归。第（1）列仅为 VC 对 CG 的回归，没有加入任何控制变量，可以看出，风险投资与公司治理之间存在显著的正向相关关系。第（2）列在 VC 对 CG 回归的基础上，加入了年份和行业控制变量，结果依然是显著的正相关关系。第（3）列在（2）列的基础上，加入了一系列财务控制变量，结果不变。可以推断，风险投资的存在能够提高被投资公司的治理水平。支持勒纳（1995）和冈普斯（1995）等学者的观点。对于谭等（2013）为代表的学者，提出的风险投资对被投资公司经营绩效和公司治理没有影响的观点，笔者认为，可能是随着时间的推进，我国的风险投资行业和机构都不断成熟，其对参与的公司监督更加专业化，从而导致这些公司治理水平的提升。

表 8-1 　　　　　　　　　　　风险投资对公司治理的影响效应

变量符号	(1) CG	(2) CG	(3) CG
VC	0.689 *** (33.99)	0.563 *** (28.54)	0.216 *** (11.97)
Size			-0.410 *** (-67.18)
Lev			-0.277 *** (-7.70)
ROA			0.375 *** (4.08)
TobinQ			-0.108 *** (-25.52)
Constant	-0.012 (-1.63)	0.021 (0.36)	9.152 *** (66.32)
Industry	YES	YES	YES
Year	YES	YES	YES
Observations	22 358	22 358	22 358
R-squared	0.049	0.129	0.330

注：括号内的数值表示对应系数的 t 统计量值，＊＊＊、＊＊、＊分别表示在 1%、5%、10% 水平上显著。

由此可见，风险投资机构本身具有监督的作用，符合"效率观"假设，能够推进上市公司合理安排公司治理结构和机制，提高公司治理水平。先前一些基于新兴市场国家的文献，给出的风险投资"不作为"观点，可能是由当地的风险投资行业不成熟导致的，笔者认为，如果能够建立完善的资本市场，加强法律约束和监督，风险投资机构就能适时地发挥监督作用，提升被投资公司的治理水平。

8.4.2　风险投资对上市公司信息披露的影响

投资者依据上市公司披露的信息进行投资决策，如果上市公司隐瞒相关消息，那么投资者就会产生"信息不对称"，导致投资决策错误。事实上，很多上市公司都通过"信息操纵"来实现内部人私利，其结果是损害了作为外部人的投资者（一般为中小股东）利益。公司治理的一个重要目的就是维护中小股东的利益，而"信息透明"是维护他们权益的关键。只有在对称的信息环境下，投资者才能作出正确的决策，因此，信息披露质量高低是投资者保护的一个重要方面。

参考布什曼等（2004）和辛清泉等（2014）的研究，笔者构建了信息透明度指标（TRANS）来考察上市公司的信息透明度，该指标包括 5 个信息透明度变量，分别是调整的德肖和迪切夫（2002）模型计算出来的盈余质量指标（DD）、深交所对各深市上市公司信息披露考评分值（DSCORE）、分析师跟踪人数（Analyst）、分析师盈余预测准确性（Accuracy）以及公司当年是否聘请国际四大作为其年报的审计师（Big4）。如果上市公司其中某个或多个透明度变量缺失，则 TRANS 等于剩余变量百分等级的均值。TRANS 越大，代表公司透明度越高。

笔者将 VC 对 TRANS 进行 OLS 回归，发现风险投资的存在显著提高被投资公司的信息透明度，即风险投资持股降低了上市公司信息不对称，具有保护中小投资者的外部性，进一步证明了风险投资的监督作用。

8.4.3　异质性检验

表 8 - 2 展示了产权性质和制度环境在风险投资对公司治理影响中发挥的调节效应。

表8-2 风险投资对公司治理影响效应的异质性检验

变量符号	(1)	(2)
	CG	CG
VC	0.169 *** (9.32)	0.264 *** (9.41)
SOE	-0.698 *** (-57.68)	
VC × SOE	-0.238 *** (-5.85)	
Institute		0.162 *** (13.00)
VC × Institute		-0.090 *** (-2.62)
Size	-0.342 *** (-55.25)	-0.411 *** (-66.56)
Lev	-0.156 *** (-4.54)	-0.231 *** (-6.48)
ROA	0.103 (1.12)	0.325 *** (3.48)
TobinQ	-0.112 *** (-22.03)	-0.107 *** (-21.03)
Constant	7.965 *** (57.07)	9.124 *** (64.26)
Industry	YES	YES
Year	YES	YES
Observations	21 844	22 358
R-squared	0.417	0.335

注:括号内的数值表示对应系数的 t 统计量值,***、**、*分别表示在1%、5%、10%水平上显著。

为了研究产权性质在风险投资影响公司治理中的作用。笔者将控股股东的股权性质为国有的取值为1,其他的取值为0,得到产权性质变量SOE。由表8-2的第(1)列可以看出,SOE 与 VC 的交乘项显著负向影响 CG(系数为 -0.238,t 值为 -5.85),这说明相对于非国有控股股东所在的上市公司,国有控股股东的存在,降低了风险投资对公司治理的正向影响,究其原因,可能是国有控股股东与行政权力存在关联，能够左右上市公司的决策，使得风险投资无法发挥监督作用，从而导致风险投资对公司治理的促进作用下降。此外，国有控股股东存在的上市公司，一般具有其他上市公司不具备的资源（例如政策倾斜，银行贷款等），这样的公司即使治理水平不高，也不影响盈利，也能给股东较大的投资回报，这就使得风险投资降低了治理的动力。毕竟风险投资参与治理是为了促进被投资公司经营业绩的提高，进而使自己的股权增值，如果不通过治理也能达到这个目的，那么风险投资治理的动机就会大大降低。同时，控股股东为国有的上市公司一般不缺乏资金，他们在引入风险投资时可能不会出让太多控制权，这也使得风险投资没有太多的机会参与公司治理。由此，可以看出，国有控股股东会降低风险投资治理的效果。

为了检验制度环境在风险投资影响公司治理中的作用，笔者参考黄俊和张天舒（2010）以及范等（2009）的做法，选取产品市场的发育程度、对生产者合法权益的保护、优先政策 3 项指标主成分拟合成制度环境指数，其中产品市场的发育程度和对生产者合法权益的保护来自樊纲等（2011）编制的市场化进程指数；优先政策来源于德默格等（2002）整理的 1978~1998 年中国各地区获得中央优先政策的平均数。在这里，笔者将高于制度环境指数（Institute）平均数的地区定义为制度环境较好的地区（Institute = 1），反之则为制度环境较差的地区（Institute = 0）。由表 8 – 2 的第（2）列可以看出，VC × Institute 在 1% 的水平上显著负向影响 CG，这说明风险投资在制度环境较好的地区降低了对公司治理的影响力。这是一个非常有意思的结果。可能的原因是：制度环境较好的地方，公司治理水平也较高，由 Insititute 的系数可以看出，它在 1% 的水平上正向影响公司治理，这可以说明在制度环境较好的地区，公司治理水平本来就很高，风险投资不必投入太多的人力和物力去监督被投资公司的治理。因此，其结果就是在这些地区，风险投资对公司治理的正向影响被削弱。考虑到风险投资机构投入——产出的效率，这个决策也不能说是错误，因为风险投资机构监督需要投入很多成本，这要影响投资收益。所以，综合来看，如果能投资一个公司治理较好的公司，节省了监督成本，也是投资收益最大化的体现。

8.4.4 内生性检验

风险投资介入和公司治理之间可能存在内生性。比如积极争取资金以求发展的公司可能以较高的公司治理水平和投资者保护来吸引风险投资的进入，这样也会表现出二者的正相关关系。为了排除这种可能，本研究参照霍赫伯格（2012）的研究，使用某一年份风险投资投资排名前二的省份作为工具变量进行 2SLS 回归检验。显然，公司处于风险投资投资较多的省份可能更容易接触到 PE，从而获得投资，但是被投资公司的治理状况则与此无关。笔者通过 2013～2020 年《中国创业风险投资发展报告》①，找出在此时间段内每年风险投资投资前两名的省份并取值为 1，其他的省份取值为 0，然后构建 VC_amount 变量，以此作为工具变量来代替 VC。从表 8 - 3 的第一阶段回归结果来看，VC_amount 的回归系数是 0.012，且在 5% 的水平上显著，说明公司所在的省份风险投资投资总量越多，其越容易获得风险投资介入。第二阶段的回归结果显示，风险投资的代理变量 VC_amount 与 CG 的回归系数在 10% 的水平上显著为正，这说明风险投资确实能够提高上市公司的治理水平，与前文的结论一致，排除了内生性的可能。

表 8 - 3	内生性检验	
变量符号	VC	CG
VC_amount	0.012 ** (2.34)	9.604 * (1.93)
Size	- 0.072 *** (- 34.87)	0.281 (0.77)
Lev	0.003 (0.27)	- 0.422 *** (- 3.34)
ROA	0.627 *** (18.96)	- 5.783 * (- 1.81)
TobinQ	- 0.032 *** (- 22.33)	0.215 (1.33)
Constant	1.746 *** (39.44)	- 7.391 (- 0.83)
Industry	YES	YES
Year	YES	YES
Observations	22 358	22 358

注：括号内的数值表示对应系数的 t 统计量值，*** 、** 、* 分别表示在 1%、5%、10% 水平上显著。

① 《中国创业风险投资发展报告》由经济管理出版社出版，每年发表，内容为上一年风险投资行业和机构的统计数据。因此，基于本书的研究样本 2012～2019 年，所需要查看的报告是 2013～2020 年。

8.4.5　稳健性检验

为了增强本研究结论的可靠性，笔者也从如下几个方面进行了相应的稳健性检验。

第一，白重恩等（2005）在研究中国上市公司治理结构时，用 CEO 两职兼任、外部董事比例、五大高管人员持股量、第一大股东持股量、第二至第十大股东持股量的集中度、是否有母公司、是否在其他市场上市以及是否是国有控股等治理变量来衡量一个公司的治理状况。为了保证本研究的稳健性，笔者也使用这种方法来测量样本公司的治理状况，然后将其与风险投资 VC 进行回归检验，其结果与本书的结果一致。

第二，以往的研究大多以樊纲等（2011）的市场化进程指数来代表制度环境，据此，笔者在验证制度环境在风险投资对公司治理的影响时，也采用此种方法，将大于市场化进程指数平均值的地区定义为制度环境较好的地区，反之则为制度环境较差的地区，重新检验后，发现结果依然与原结果一致。

8.5　研究结论

本章通过广泛认可的公司治理评价标准研究了风险投资的介入对被投资公司治理状况的影响。首先，笔者发现有风险投资参与的上市公司，其治理水平和投资者保护水平均较高，可以说明风险投资具有公司治理效应，能够改善被投资公司的治理状况，降低其信息不对称程度，提高其对外部投资者的保护。其次，进一步研究发现，风险投资在控股股东为国有和制度环境较好时，会降低对被投资公司治理的正向影响。这说明风险投资对公司治理的作用会随着产权性质和制度环境的变化而变化。本研究在中国资本市场的背景下，证明了风险投资在进入被投资公司后，为了保证自身的投资安全，会积极参与公司治理活动，客观上促进了被投资公司治理的改善和投资者保护的提高。这说明风险投资在追求自身利益时，有"好的外部性"，有利于全体投资者效用的提高。

通过研究，笔者深刻地认识到风险投资在完善融资市场的同时，也具有公司治理效应，这对公司管理层、风险投资机构和政策制定者都有一定的启示：如果风险投资能够得到很好的引导，便可以像银行、监管机构那样，成为我国上市公司的一种外部治理机制，既可以促进被投资公司管理者努力工作，提高企业价值，增加投资者收益，也可以促进我国上市公司整体治理水平的提高。为了发挥风险投资的治理效应，国家应该建立完善的退出机制和法律环境，构建多层次的主板市场、中小板市场、创业板市场、科创板市场、新三板市场以及OTC等产权交易市场，使得风险资本能够顺利退出，并实现增值。这些建设对于风险投资的发展、治理效应的发挥以至于资本市场的完善都具有重要的意义。

总结

综上所述，风险投资具有公司治理的效应，符合"效率观"的假设。可以说，风险投资作为一类积极股东，有动机也有实力通过董事会机制，监督被投资公司内部人（包括管理层和控股股东）的行为，降低代理成本，提高公司治理水平。

第 9 章
风险投资发挥认证和监督作用的经验证据

9.1 风险投资对代理成本的影响效应

9.1.1 研究背景

缓和委托代理矛盾的关键是降低代理成本。詹森和梅凯林（1976）指出，代理成本是指为设计、监督和约束委托人与代理人之间利益冲突的一组契约所付出的代价，加上执行契约时成本超过收益的剩余损失。当前，公司治理关注的代理成本主要有两种：一种是基于公司所有者和管理者利益冲突的代理成本；另一种是基于控股股东和其他投资者（主要指中小投资者）利益冲突的代理成本（Shleifer and Vishny，1997）。风险投资作为一类特殊股东，一方面需要监督公司的管理者，以保护其作为公司所有者的利益；另一方面也需要制约公司的控股股东，以保护其作为其他投资者的利益。因此，风险投资的介入有可能降低现代公司的两类代理成本，从而缓和委托代理矛盾，增加公司价值，进而实现自身与被投资企业的"双赢"。

基于此，本部分以 2012 ~ 2019 年在 A 股上市的公司（不包括上海证券交易所的科创板上市公司）为研究对象，考察风险投资的介入对被投资企业两类代理成本的影响。结果发现，相比无风险投资介入的公司，有风险投资介入的公司两类代理成本都较低，也就是说，风险投资的参与可以缓和被投资企业的委托代理矛盾。进一步研究发现，风险投资的特征也能影响公司的代理成本，具体来说，联合投资（亦称风险投资辛迪加）能够降低更多的代理成本，在更大的程度上缓和代理矛盾。

本研究可能在以下两个方面有所贡献：其一，以往关于风险投资治理作用的研究大多关注会计质量信息、高管约束和投资者保护（Wright et al.，2009），本研究首次将风险投资介入与代理成本结合起来，考察它们之间的联系，弥补了风险投资治理研究领域在此方面的空白，丰富了风险投资与公司治理方面的文献。其二，本研究发现风险投资的联合投资会降低两类代理成本，缓和委托代理矛盾，加深了对风险投资治理行为的理解，也揭示了具有上述特征的风险投资能够更好地影响被投资企业的公司治理。

9.1.2 理论逻辑与研究假设

风险投资治理的话题已经成为近年来国内外学术研究的热点之一。前人在此方面的研究主要关注三个方面：第一，风险投资对被投资企业会计信息质量的影响。例如，霍赫伯格（2012）研究发现，与没有风险投资支持的公司相比，风险投资的参与增加了 IPO 公司的可预见性，降低了这些公司的盈余管理水平。胡志颖等（2012）基于我国资本市场的研究，也发现了类似的结果。第二，风险投资对被投资企业管理层的监督和约束。例如，勒纳（1995）指出，风险投资进入被投资企业的董事会能够影响其管理者的流转，更容易在公司困难时更换总经理。王会娟和张然（2012）则发现，私募股权投资参与的上市公司有着更加敏感的高管薪酬契约，即管理者的薪酬对业绩更加敏感。第三，风险投资对被投资企业中小投资者的保护。贝克和冈普斯（2003）提出，风险投资会积极监督被投资企业，降低公司外部投资者和内部投资者的利益冲突。王会娟等（2014）发现，有私募股权投资参与的公司更倾向于发放现金股利，并且股利发放的力度更大。窦欢和王会娟（2015）也发现，私募股权投资支持的 IPO 公司能够吸引更多的证券分析师关注，而且分析师预测的准确度也更高，因此降低了这些公司的信息不对称程度，有利于资本市场上投资者作出合理决策。

在公司治理相关文献中，基于两类委托代理矛盾而产生的代理成本问题始终是学者们关注的焦点。以往的研究发现，资本结构会影响控股股东和管理者的行为选择，进而影响公司的代理成本和市场价值（张兆国等，2008）。李明辉（2009）的研究显示，股权集中度越高，股东对管理层的监督越有效，经理人获得高额职务津贴的能力越低，代理成本越少；反之，如果股东人数众多，股权就会分散，股东"搭便车"的动机就会增强，不利于监督和约束经理人行为，容易产生代理问题。法玛和詹森（1983）提出，独立董事可以降低管理层、大股东合谋骗取中小股东财富的可能，保护外部投资者的利益，因此董事会中独立董事越多，股权的代理成本就越低。由此，可以发现，公司治理机制中的资本结构、股权分配和董事会制度能够影响代理成本，协调委托代理矛盾。

基于此，本部分研究风险投资与被投资企业两类代理成本之间的关系，既能丰富风险投资和公司治理相关文献，也能为公司治理实践开辟一条路径。

委托代理矛盾的根源在于委托人和代理人之间存在信息不对称，代理人出于自身利益的考虑会产生两种行为倾向：道德风险和逆向选择（Jensen and Meck-ling，1976）。要降低道德风险和逆向选择，就需要建立一套有效的激励和约束机制，这些机制以及委托人的一系列监督和管理活动就形成了代理成本。在我国资本市场条件下，委托代理矛盾以两种形式存在：一种是基于所有权与控制权分离而产生的矛盾；另一种是基于控股权对外部股权剥夺而产生的矛盾（宁向东，2005）。由于风险投资规模较大，退出较难，只能通过被投资企业价值增值来获得回报，因此，风险投资人面对控制权和控股权所导致的双重代理问题，有意愿也有动力成为"积极股东"，通过参与董事会活动（Cotter and Peck，2001），来减少因管理层和控股股东道德风险及逆向选择而产生的代理成本。同时，风险投资作为一类机构投资者，大多拥有丰富的治理经验和专业的财务、管理、法律知识，能够对被投资企业作出有效的监督，抑制管理层的"侵占"和控股股东的"剥夺"。因此，笔者推测风险投资介入的公司有更低的代理成本，据此，本研究提出假设 H1：

H1：相比无风险投资介入的公司，有风险投资介入的公司有更低的代理成本。

进一步地，本节分析风险投资联合投资对代理成本的影响。已有文献发现（王会娟等，2014），风险投资联合投资能够形成监督合力，共同作用于被投资企业，约束他们的管理层和控股股东利己行为，保护外部投资人的利益，因而，笔者认为风险投资联合投资可能也有利于代理成本的降低。

9.1.3 研究设计

为了检验本节的假设 H1，笔者参考已有文献的做法构建如下模型：

$$AC = \beta_0 + \beta_1 VC + \sum \beta Control + \varepsilon \qquad (9-1)$$

其中，模型（9-1）中的因变量（AC）表示两类代理成本，参考 Ang 等（2000）和张兆国等（2008）的研究，用管理费用率（Msr）来衡量第一类代理成本，其值越高，表明管理层对股东的"侵占"越多，即第一类代理矛盾越大；参考魏志华等（2012）的研究，用资金占用水平（Accratio）来衡量第二类代理成本，其值越高，意味着控股股东对外部股东的"剥夺"越多，即第二类代理矛盾越大。VC 变量与控制变量选择与 4.2.2 小节和 4.2.4 小节一致。

为了检验假设风险投资联合投资对两类代理成本的影响，本研究构建如下模型：

$$AC = \beta_0 + \beta_1 Syndicate + \sum \beta Control + \varepsilon \qquad (9-2)$$

模型（9-2）中的因变量和控制变量与模型（9-1）相同，自变量 Syndicate 指风险投资的联合投资，如果有多家机构对样本公司进行风险融资，我们就将其列为风险投资辛迪加投资。

各变量的具体内容如表 9-1 所示。

表 9-1 变量定义及说明

变量		含义	说明
因变量 （AC）	管理费用率	Msr	管理费用/公司营业收入
	资金占用水平	Accratio	其他应收款/总资产

9.1.4 回归分析结果

表 9-2 显示了两类代理成本的描述性统计和关于风险投资变量分组的 T 检验结果。从 Panel A 可以看出，第一类代理成本（Msr）的平均值为 0.111，中位值为 0.079，标准差为 0.297，最大值和最小值的差异比较大，具有一定的区分度；第二类代理成本（Accratio）的平均值为 0.018，中位值为 0.008，标准差和最大值与最小值的差异比较小，比第一类代理成本要低，但是也有一定的差异，可以进行原因探索。Panel B 报告了两类代理成本关于风险投资变量（VC）的分组。从结果来看，有风险投资（VC）介入的上市公司，其两类代理成本均显著低于无风险投资介入的上市公司，这在一定程度上验证了本节的假设 H1，即相比于无风险投资介入的公司，有风险投资介入的公司具有更低的代理成本。由均值 T 检验来看，第一类代理成本关于 VC 分组的差异在 5% 水平上显著，第二类

代理成本关于 VC 分组的差异在 1% 水平上显著。这些描述性统计结果和 T 检验结果促使笔者进行如下的回归分析，以探索风险投资与两类代理成本之间的因果关系。

表 9 - 2　　　　　　　　　　两类代理成本的描述性统计和 T 检验

Panel A	平均值	标准差	最小值	中位值	最大值	观察值
Msr	0.111	0.297	0.001	0.079	19.19	22 998
Accratio	0.018	0.040	0.000	0.008	0.998	22 998
Panel B	无 VC 介入		有 VC 介入		均值 T 检验	
Msr	0.132		0.100		2.070 **	
Accratio	0.018		0.012		8.863 ***	

注：***、**、*分别表示在 1%、5% 和 10% 水平上显著。

表 9 - 3 显示了使用模型（9 - 1）回归得到的风险投资对两类代理成本的影响效应。第（1）列展示了风险投资对管理费用率的回归结果，可以看出，VC 与 Msr 的系数是 - 0.017，在 1% 的水平上显著，这说明风险投资的参与可以降低第一类代理成本，抑制管理层私利行为。第（2）列显示了风险投资对资金占用水平的回归结果，由 VC 与 Accratio 的系数 - 0.003 可以看出，风险投资的参与能够降低第二类代理成本，由于该系数在 1% 的水平上显著，可以说明风险投资的存在抑制了大股东占款行为。由此，可以证明本节的研究假设 H1，即风险投资持股缓和了上市公司委托代理矛盾，降低了两类代理成本。究其原因，笔者认为还是风险投资的监督行为在发挥作用。

表 9 - 3　　　　　　　　　　风险投资对两类代理成本的影响效应

变量符号	(1)	(2)
	Msr	Accratio
VC	- 0.017 *** (- 2.75)	- 0.003 *** (- 4.06)
Size	- 0.031 *** (- 16.56)	- 0.002 *** (- 9.03)
Lev	- 0.050 *** (- 4.10)	0.026 *** (16.70)
ROA	- 0.628 *** (- 19.94)	- 0.066 *** (- 15.93)

变量符号	(1)	(2)
	Msr	Accratio
Dual	-0.003 (-0.66)	0.001 (1.04)
Independent	0.102*** (2.83)	0.014*** (2.90)
Top1	-0.068*** (-4.95)	-0.015*** (-8.39)
Constant	0.802*** (18.23)	0.063*** (10.95)
Industry	YES	YES
Year	YES	YES
Observations	22 998	22 991
R-squared	0.057	0.084

注：括号内的数值表示对应系数的 t 统计量值，***、**、* 分别表示在 1%、5%、10% 水平上显著。

表 9 - 4 显示了风险投资联合投资特征对两类代理成本的影响。为了辨别在风险投资参与的公司中，联合投资特质是否有更强的公司治理效应，笔者将样本局限为 VC 变量等于 1 的样本，得到观测值为 2 803 个。使用模型（9 - 2）进行 OLS 回归，结果列示在表 9 - 4 中。第（1）列中，Syndicate 对 Msr 的回归系数为 - 0.020，在 5% 水平上显著，这说明多个风险投资机构组成辛迪加投资集团，可以增强监督力度，相比单一风险投资机构持股，能够更多地降低被投资公司的第一类代理成本；相似地，第（2）列显示了 Syndicate 在 1% 水平上显著降低 Accratio，说明辛迪加投资集团相比风险投资单独持股，更能降低第二类代理成本。由此可见，多个风险投资机构持股，能够形成监督和约束合力，共同作用于被投资公司的治理结构和机制，减少管理层和控股股东的道德风险和逆向选择，缓和了委托代理矛盾。

表 9 - 4　　　　风险投资联合投资对两类代理成本的影响效应

变量符号	(1)	(2)
	Msr	Accratio
Syndicate	-0.020** (-2.28)	-0.003*** (-2.73)

续表

变量符号	(1)	(2)
	Msr	Accratio
Size	−0.031*** (−16.49)	−0.002*** (−8.76)
Lev	−0.050*** (−4.10)	0.026*** (16.69)
ROA	−0.631*** (−20.09)	−0.067*** (−16.18)
Dual	−0.003 (−0.75)	0.001 (0.87)
Independent	0.103*** (2.85)	0.014*** (2.96)
Top1	−0.068*** (−4.97)	−0.015*** (−8.45)
Constant	0.796*** (18.17)	0.061*** (10.68)
Industry	YES	YES
Year	YES	YES
Observations	2 803	2 803
R-squared	0.303	0.126

注：括号内的数值表示对应系数的 t 统计量值，***、**、*分别表示在1%、5%、10%水平上显著。

为了保证研究结论的稳健性，笔者进行了如下的工作：首先，笔者对样本所有连续变量进行1%和99%的 Winsorize 处理后，重新对上述模型进行回归，发现结果与之前无实质差异。其次，为了解决内生性问题，笔者采用 Heckman 在1979 年提出的两阶段模型进行回归，结果与本节的结论一致，即不存在反向因果的关系。最后，参考王会娟等（2014）的做法，将风险投资样本进行扩充，发现采用广义风险投资作为自变量，与两类代理成本进行回归，得到的结果与之前的一致。同时，笔者也参考前人的研究，用营业费用率和财务费用率来替代管理费用率，作为第一类代理成本，发现结果依然没有发生变化（Ang et al.，2000）。

9.1.5　研究结论

本研究实证检验了风险投资对被投资企业委托代理矛盾的影响。结果发现，风险投资介入的公司两类代理成本均比较低，能够有效地抑制管理层"侵占"和控股股东"剥夺"，缓和委托代理矛盾。进一步研究发现，进行联合投资的风险投资能够进一步降低代理成本，优化被投资企业的委托代理问题。

本研究反映了风险投资机构的公司治理效应。风险投资作为一类机构投资者，是被投资企业的"积极股东"，为了维护自身的利益，他们有能力也有意愿限制管理层和控股股东的利己行为，抑制他们的道德风险和逆向选择，约束他们的"侵占"和"剥夺"行为，保护公司的外部投资者。因此，风险投资的介入可以降低被投资公司的信息不对称，减少内部人和外部人的利益冲突，缓和委托代理矛盾。

9.2 风险投资对关联交易的影响效应

9.2.1 研究背景

机构投资者是成熟资本市场中重要的公司治理力量。发源于 20 世纪 70 年代的"股东积极主义"（shareholder activism）促使大量机构投资者转变投资方式，不再"用脚投票"，而是通过行使股东权力抑制公司内部人的投机行为，迫使他们作出各种调整以改善公司治理，进而增加公司价值和股票价格（Gillan and Starks, 2000）。随着我国资本市场的发展，这种投资策略也开始为我国机构投资者所尝试，而风险投资则充当了急先锋。据投中集团数据库（CVSource）显示，从 2006 年开始，股权融资中投资人进入被投资公司董事会的比例逐年提升，到 2014 年，该比例超过了 80%。由于董事会是公司治理的核心（李维安, 2021），因此我国的风险投资将在被投资公司中扮演越来越重要的治理角色。

以往的研究发现，风险投资的公司治理行为可以提高被投资公司的首次公开发行（initial public offerings, IPO）成绩，具体表现为更多的分析师关注（窦欢和王会娟, 2015），更低的 IPO 折价率（Barry et al., 1990；陈工孟等, 2011）以及更优的上市机会（Bottazzi et al., 2008）。然而，IPO 锁定期的存在以及 IPO 后的增资行为使风险投资广泛存在于上市公司的大股东名单中，并继续发挥公司治理作用，可是现有文献对此却鲜有涉及。当前的风险投资治理研究大多集中在第一类代理问题上，即风险投资（包括私募股权投资）通过对经理人的监督和约束（王会娟和张然，2012）来提高被投资公司的经营绩效。但是，"一股独大"的股权结构使得我国上市公司中第二类代理问题更加严重，控股股东可以通过资金占用、关联交易和盈余管理等手段侵害其他股东的利益（Claessens et al.，2002），只有持股比例高，专业知识丰富的大股东才有动机和能力加以制约，而风险投资正是这样的大股东。因此，笔者在前人研究的基础上，讨论风险投资在 IPO 后的上市公司中对控股股东"掏空"的抑制效应，以期弥补先前风险投资治理研究中的空白。

风险投资治理研究的关键是提炼出真实的效应。这是因为风险投资介入的上市公司一般也存在其他的机构投资者和大股东，而这些机构投资者和大股东也具有约束控股股东的动机和能力（薄仙慧和吴连生，2009；姜付秀等，2015），只有排除他们的干扰，才能考察出风险投资对公司治理是否存在影响以及影响的程度。此外，董事会治理也会对控股股东"掏空"产生影响。有学者认为合理的董事会机制能让公司的利益相关者有效地监督控股股东，否决或抑制其投机行为（Young et al.，2008）。基于此，笔者也考察在不同的董事会治理水平下，风险投资对控股股东制衡的影响，以期能够更加深入地诠释风险投资的公司治理效应。

本研究的贡献主要体现在以下三个方面：第一，笔者从第二类代理问题出发，研究风险投资的介入对公司治理的影响，进一步丰富和发展了风险投资治理领域的文献。冈普斯（1995）、勒纳（1995）以及王会娟和张然（2012）认为，风险投资可以通过向被投资公司派驻董事，降低股东与经理人之间的代理冲突，提高经营绩效和股票价格。与以上研究不同，本研究基于新兴国家特殊的公司治理问题（La Porta et al.，1998），运用我国上市公司的数据，得到如下研究结论：风险投资的介入作为一种有效的公司治理机制，能够约束控股股东的"掏空"行为，进而缓解控股股东与其他股东之间的利益冲突。

第二，本研究拓展了风险投资治理的研究范围。以往的研究大多关注风险投资的介入对被投资公司 IPO 的影响（Bottazzi et al.，2008；窦欢和王会娟，2015）。但是 IPO 锁定期的存在以及上市公司的增资行为，使风险投资在 IPO 后仍然存在于上市公司中，继续发挥公司治理作用。虽然吴超鹏等（2012）和王会娟等（2014）讨论了 IPO 之前介入的风险投资（或私募股权投资）在 IPO 后对上市公司投融资和现金分红的影响，但是他们没有涉及上市公司增资后进入的风险投资治理作用。通过本研究发现，风险投资无论在 IPO 之前进入还是在之后进入，都对控股股东"掏空"具有较强的抑制作用。

第三，本章的研究提炼出了风险投资的真实治理效应。已有的文献在讨论风险投资治理时，忽视了风险投资存在的公司也存在其他的机构投资者。而大量的实践和研究证明，机构投资者对控股股东的"掏空"存在制约作用（王琨和肖星，2005），如何证明风险投资存在的公司控股股东投机行为的降低是风险投资治理的结果，而不是其他机构投资治理的结果，是研究风险投资真实治理效应的关键。本研究通过合理的设计，得出结论，在控制其他机构投资者影响下，风险投资依然能够降低控股股东的"掏空"行为，并且他们的存在还能与风险投资治理产生"递进"的关系，以合力的方式共同作用于被投资公司的治理活动。

9.2.2　理论逻辑与研究假设

（1）股东积极主义与风险投资治理。股东积极主义是指股东凭借其所持有的股份，通过行使投票权，提出股东议案甚至是法律诉讼等形式积极参与公司治理，维护自身合法权益（Gillan and Starks，2000）。践行上述行为的股东一般是机构投资者或是大股东，由于他们持有上市公司股份比例较大，很难在不影响股票市场波动的情况下退出公司（Smith，1996），所以他们有动机"用手投票"，通过《公司法》赋予的股东权力来抑制公司内部人的投机行为。已有的很多文献证明，机构投资者和大股东存在的上市公司治理水平较高、经营绩效较好（Lehman and Weigand，2000；Volpin，2002；王琨和肖星，2005）。作为机构投资者和大股东一种的风险投资也是如此。有学者指出，风险投资是一类"积极股东"，其有强烈的动机和能力监督公司内部人，减少代理成本，使企业价值最大化（Jensen，1989）。怀特等（2000）和卡明等（2007）的研究也证明，风险投资已经成为一种越来越重要的调整组织结构的公司治理机制。

尽管风险投资因为持股高、退出难而与其他机构投资者和大股东具有一致的治理动机，但是从现有文献和实践来看，风险投资较其他机构投资者和大股东更加胜任"积极股东"的角色，原因主要有以下三点：第一，风险投资没有定期披露和排名的压力。波特（1992）指出，公募基金经理需要定期向公众披露投资业绩并参与绩效排名，因此他们更注重短期收益，会通过组合投资的方式来降低风险，并在持股公司业绩下滑的时候"用脚投票"。而风险投资基金则不同，他们只需向投资人汇报投资收益，较少向公众公布投资情况，也不参加公开排名，这就使风险投资有一定时间来容忍投资低绩效甚至亏损，从而能够等待公司治理的改善以及由此带来的公司价值提高。第二，风险投资基金主要进行股权投资，通过股份的升值来获得投资回报。在资本市场中，虽然信托、保险、券商和银行都可以进行股权投资，但是他们的投资对象不止于此，例如保险会持有大量固定收益证券，信托会进行证券化贷款，而券商和银行均有各自的主营业务，因此，他们不会将精力全放在股权投资上。而风险投资则以股权投资为"生命线"，他们必须通过股份的增值来获得收益（Acharya et al.，2013），所以他们的公司治理积极性更高。第三，风险投资不像社保那样承担政策性任务。非国有风险投资自然不必说，即使是国有风险投资在投资行为上也没有体现出政策初衷（余琰等，2014）。因此，风险投资在投资时自主性更强，他们可以全力以赴地收集公司信息，对内部人进行监督和约束，降低代理成本，增加公司价值。

　　（2）控股股东"掏空"与风险投资治理。公司治理机制旨在解决现代企业由于所有权和经营权分离而导致的委托代理问题（Shleifer and Vishny，1997）。委托代理问题包括两类：第一类是指股东和经理人之间的代理问题；第二类是指控股股东和其他股东之间的代理问题。已有的风险投资治理文献已经深入地研究了第一类代理问题，证明了风险投资的介入不仅能够监督经理人的投机行为（Lerner，1995；Hochberg，2012），而且能够激励经理人为股东的利益服务（王会娟和张然，2012；王会娟等，2014）。然而，在中国这样的新兴市场国家中，第二类代理问题更加严重。由于我国公司的股权结构表现为高度集中且"一股独大"（Jiang et al.，2010），所以控股股东在公司中掌握着资源的支配权，可以通过资金占用（李增泉等，2004；姜国华和岳衡，2005）、关联交易（余明桂和夏新平，2004；魏明海等，2013）和盈余管理（Leuz et al.，2003）等"掏空"手段剥夺其他股东的利益。那么，风险投资治理能抑制控股股东的"掏空"吗？

　　已有的文献认为大股东是抑制控股股东"掏空"的关键力量（徐莉萍等，2004；洪剑峭和薛皓，2008）。大股东对控股股东的制衡有"积极"和"消极"两种观点。"消极"观认为在新兴市场投资者保护法律不健全的情况下，大股东只有用"退出"来威胁控股股东，使其因惧怕股票价格大幅下降而减少私利行为（姜付秀等，2015）。而"积极"观认为大股东很难在不影响自身利益的情况下退出公司，他们有动力通过公司治理机制来抑制控股股东剥夺行为，从而保证自己的投资收益（王琨和肖星，2005）。风险投资是大股东的一种，为了维护自身的利益，有抑制控股股东"掏空"的动机，但是他们的抑制方式是消极威胁还是积极监督呢？

（3）研究假设的提出。第二类委托代理问题的核心是控股股东与其他股东之间的利益冲突。拉波塔等（1998）认为，当控股股东剥夺公司资产的收益超过成本时，他们会不惜损害其他股东的利益以获取私人收益。而当控股股东参与公司管理时，他们更可能追求与其他股东不一致的目标，从而导致道德风险和逆向选择（Claessens et al.，2002）。由于风险投资的目的是通过被投资企业的增值来获得回报，如果任由控股股东来"掏空"公司，那么风险投资将遭受投资损失甚至血本无归。因此，风险投资有强烈的动机监督控股股东的投机行为，以保证自己的投资安全。

以往的文献表明，风险投资通过对被投资公司派驻董事来实施积极监督，以改善其公司治理（Gompers，1995）。由于公司重要经营决策都要经过董事会批准，所以风险投资可以审查控股股东及其代表提出的议案是否符合全体股东的利益，如果有"掏空"倾向，风险投资就会联合其他大股东加以限制，甚至会投否决票来制止。同时，风险投资也会经常审查被投资公司的财务报表，考察其业务往来和供销关系，以发现控股股东"掏空"的蛛丝马迹，并及时加以限制。如果控股股东拒不改变，风险投资会发起诉讼，借助法律的力量来制止其投机行为。然而，风险投资对控股股东的制衡并不总是采取"对抗"的方式，他们也会采取"合作"的方式来增强控股股东与其他股东利益的一致性。比如风险投资可以利用自身资源帮助被投资公司提高投融资效率（吴超鹏等，2012），降低并购成本（Wright et al.，2009），增加研发投入（Kortum and Lerner，2000），建立战略联盟（Stuart et al.，1999），缩短新产品面市时间（Hellmann and Puri，2000）以及提供专业化人力资源管理（Hellmann and Puri，2002）等。研究认为这些均是风险投资的增值服务（value-added），它们能够增加被投资公司的经营绩效，从而提高控股股东的财富，使控股股东与公司的利益趋于一致，达到抑制其"掏空"的目的（Leeds and Sunderland，2003）。

基于以上分析，笔者认为风险投资为了获得更大的退出收益，一方面会采取"对抗"的方式制止控股股东的投机行为；另一方面也会采取"合作"的方式将控股股东财富增加与公司价值提高联系起来，降低其"掏空"倾向，提高其投机行为的机会成本。综上，笔者认为，相比于无风险投资参与的公司，有风险投资参与的公司控股股东的行为会得到约束，据此，本节提出假设 H2：

H2：有风险投资介入的上市公司，其控股股东有更少的"掏空"行为。

9.2.3　研究设计

（1）控股股东"掏空"行为的度量。从已有的文献看，早期研究大多采用间接方法来衡量控股股东的"掏空"行为，如通过集团内部的并购行为、定向增发的市场反应以及集团成员公司之间的利润敏感性等。近年来，越来越多的文献使用控股股东对上市公司的资金占用（李增泉等，2004；姜国华和岳衡，2005）或上市公司与控股股东之间的关联交易（余明桂和夏新平，2004；魏明海等，2013；姜付秀等，2015）等指标来直接衡量"掏空"行为。然而，从 2003 年开始，我国证监会加强了对控股股东占款行为的监管，控股股东已经不能用该种方式来"掏空"公司了，因此，笔者舍弃资金占用指标，而使用上市公司与控股股东及其关联方进行的关联交易作为本章的"掏空"研究变量。

具体度量方式如下：建立关联交易变量"Tunnel"，该变量有三种表示方式，分别为关联交易中商品和劳务之和占营业收入的比值（Rpta）、剔除关联交易中可能存在一定噪音交易类别之后的关联交易总和与总资产的比值（Rptb）以及所有关联交易合计占总资产的比值（Rptc）。关联交易数据来源于 CSMAR 数据库。根据 CSMAR 数据库关联交易的分类，笔者只保留上市公司与控股股东及其关联方的交易。在 Rpta 的分子中，只保留关联交易事项中"01 = 商品交易类"和"03 = 提供或接受劳务"；在 Rptb 的分子中剔除了"17 = 合作项目""18 = 许可协议""19 = 研究与开发成果""20 = 关键管理人员报酬"以及"21 = 其他事项"等可能并非有"掏空"倾向的关联交易事项；在 Pptc 的分子中包括了所有关联交易事项。为了保证计量的有效性，笔者将 Rpta、Rptb 和 Rptc 三个连续变量在1% 和 99% 处进行了缩尾处理。

（2）实证模型的构建。为了检验本节假设 H2，借鉴现有文献（王会娟和张然，2012；姜付秀等，2015）的做法，构建如下模型：

$$\text{Tunnel}_{i,t} = \alpha + \beta_1 \text{VC}_{i,t} + \sum \gamma \text{Control} + \varepsilon \qquad (9-3)$$

其中，Tunnel 代表控股股东的"掏空"行为，具体由 Rpta、Rptb 和 Rptc 三个关联交易变量来表示。VC 代表风险投资持股变量，Control 代表一系列控制变量。

VC 变量与控制变量的计量和选择方式见 4.2.2 小节及 4.2.4 小节。

（3）关联交易变量的描述性统计和 T 检验。表 9-5 显示了代表控股股东"掏空"行为的关联交易变量的描述性统计以及关于风险投资介入与否的 T 检验。

表 9-5 关联交易的描述性统计和 T 检验

Panel A	平均值	标准差	最小值	中位值	最大值	观察值
Rpta	0.041	0.109	0.000	0.003	0.741	23 011
Rptb	0.111	0.243	0.000	0.015	1.550	23 011
Rptc	0.113	0.246	0.000	0.017	1.579	23 011
Panel B	无 VC 介入		有 VC 介入		均值 T 检验	
Rpta	0.045		0.014		14.001***	
Rptb	0.121		0.036		17.482***	
Rptc	0.123		0.037		17.379***	

注：***、**、* 分别表示在 1%、5% 和 10% 水平上显著。

从表 9-5 的 Panel A 中可以看出，Rpta 的平均值为 0.041，标准差为 0.109，最大值与最小值之间的差距为 0.741，这说明样本公司中，关联交易存在一定的差异，可以进行差异原因的探索。Rptb 和 Rptc 的标准差分别为 0.243 和 0.246，这说明样本公司的关联交易使用 Rptb 和 Rptc 度量时，差异进一步扩大，需要探索其中的原因。进一步地，在表 9-5 的 Panel B 中，Rpta、Rptb 和 Rptc 三个关联交易变量，在不存在风险投资的样本公司中，均值分别为 0.045、0.121 和 0.123，在存在风险投资的样本公司中，均值分别为 0.014、0.036 和 0.037，经过 T 统计量检验，在 1% 的水平上，风险投资介入的上市公司，其关联交易显著低于无风险投资介入的上市公司，这在一定程度上印证了本节提出的假设 H2。需要说明的是，在未披露的相关分析表格中，风险投资变量（VC）与关联交易变量（Rpta、Rptb 和 Rptc）之间存在显著负向相关关系（系数分别为 -0.092、-0.115 和 -0.114），这符合本研究的预期，即风险投资持股能够降低控股股东的"掏空"。

9.2.4 回归分析结果

（1）风险投资对控股股东"掏空"的影响效应。使用模型（9-3），笔者检验了风险投资持股对控股股东"掏空"行为的影响效应,具体检验结果如表 9 - 6 所示。从第(1)列可以看出,VC 变量对 Rpta 变量在 1% 水平上存在显著负向影响,系数为 - 0.017,这说明风险投资的存在能够显著降低上市公司的控股股东在商品和劳务方面的关联交易,抑制了控股股东可能通过商品和劳务交易活动来"攫取"其他股东利益。从第(2)列可以看出,VC 变量与 Rptb 变量的系数为 - 0.046,在 1% 水平上显著,这说明在全部关联交易中,剔除一部分噪音(即可能是正常交易)后,风险投资的存在依然能够明显地降低上市公司控股股东的关联交易。从第(3)列可以看出,VC 变量与 Rptc 变量的系数依然在 1% 的水平上显著为负,这说明风险投资能够抑制所有的控股股东关联交易,进而降低其"掏空"行为。由此,本节的研究假设 H2 得到证明,即相对于无风险投资存在的上市公司,有风险投资存在的上市公司具有更低的控股股东"掏空"行为。从控制变量来看,Top1 和 Lev 与三个关联交易变量的回归系数均显著为正,这说明较高的资产负债率和控股股东持股率更容易引发控股股东的"掏空"行为,与姜付秀等(2015)的研究基本一致。

表 9 - 6　　　　　　　风险投资对控股股东"掏空"的影响效应

变量符号	(1)	(2)	(3)
	Rpta	Rptb	Rptc
VC	- 0.017 *** (-7.75)	- 0.046 *** (-9.12)	- 0.046 *** (-9.11)
Size	0.011 *** (14.05)	0.012 *** (7.33)	0.012 *** (7.25)
Lev	0.053 *** (12.09)	0.193 *** (19.68)	0.193 *** (19.41)
ROA	- 0.014 (-1.27)	- 0.151 *** (-5.94)	- 0.154 *** (-5.96)
TobinQ	0.004 *** (7.28)	0.014 *** (12.03)	0.015 *** (12.35)
Dual	- 0.020 *** (-12.42)	- 0.040 *** (-11.39)	- 0.041 *** (-11.39)
Independent	- 0.080 *** (-6.16)	- 0.114 *** (-3.92)	- 0.113 *** (-3.83)

变量符号	(1)	(2)	(3)
	Rpta	Rptb	Rptc
Top1	0.098 ***	0.174 ***	0.176 ***
	(19.82)	(15.72)	(15.72)
Constant	-0.226 ***	-0.283 ***	-0.285 ***
	(-12.89)	(-7.22)	(-7.18)
Industry	YES	YES	YES
Year	YES	YES	YES
Observations	23 011	23 011	23 011
R-squared	0.092	0.082	0.081

注：括号内的数值表示对应系数的 t 统计量值，***、**、* 分别表示在 1%、5%、10% 水平上显著。

（2）其他机构投资者在风险投资影响控股股东"掏空"时的作用。通过表 9 - 6 的检验，可以得出，风险投资介入的公司，控股股东"掏空"水平更低。但是，这种现象是一种相关关系还是因果关系呢？需要进行检验说明。

国内外研究发现，股权制衡度越高的企业其公司治理水平越高，公司价值越大。虽然众多文献认为机构投资者的存在是控股股东"掏空"的重要制衡机制，但是也有学者提出股东是"异质的"（陈闯和杨威，2008），并不是所有的机构投资者都是"积极股东"。在股权具有高度流动性的情况下，大股东（机构投资者即使是一类大股东）会用"退出"来威胁控股股东，使其不敢侵害自身的利益（Admati and Pfleiderer，2009）。很多大股东具有"搭便车"倾向，即使他们的利益和公司财富增长高度一致，他们也不愿意主动承担起监督内部人的责任，因为流动性的存在使他们"积极监督"的机会成本提高，而"退出"虽然会降低其收入期望，但是也节省了监督成本（Bharath et al.，2013）。两相权衡，很多机构投资者会放弃"积极监督"的行为，转而提高自身分析和选择公司的能力。

然而，风险投资锁定期的存在和较长时间的流动性限制使得他们必须对被投资公司进行"积极监督"，以保证自身的投资利益。因此，笔者认为，风险投资以股权投资为唯一增值方式以及流动性的限制，使其在监督控股股东上较之其他机构投资者和大股东更具有积极性。同时，风险投资不会"孤军作战"，他们也会积极联合其他机构投资者,为了一致的目的,共同抑制控股股东。所以,有理由认为,在风险投资介入的上市公司中,其他机构投资者如果持股较多,就会对控股股东"掏空"的行为有更强的抑制作用。

为此,建立如下模型进行检验:

$$Tunnel_{i,t} = \alpha + \beta_1 VC_{i,t} + Institute_{i,t} + \beta_2 VC_{i,t} \times Institute_{i,t}$$
$$+ \sum \gamma Control + \varepsilon \qquad (9-4)$$

其中,Tunnel、VC 和控制变量 Control 的定义与模型(9-3)一致,在模型(9-4)中,笔者引入了新变量 Institute,其计量方式是上市公司 i 在第 t 年除风险投资机构外,其他所有机构投资者的持股比例。β_2 是 VC 与 Institute 的交乘项,代表了机构投资者持股在风险投资影响关联交易中的作用。通过 OLS 回归,得到表 9-7 的结果,可以发现,VC × Institute 与三个关联交易变量 Rpta、Rptb 和 Rptc 的回归系数 β_2 分别为 -0.056、-0.123 以及 -0.125,均在 1%水平上显著。这说明在有其他机构投资者存在的上市公司中,风险投资治理效应会增强。显然,为了共同的利益,风险投资会联合这些机构投资者,共同对控股股东实行积极监督,从而增强了风险投资的治理的效应。

表 9-7　　　　机构投资者在风险投资影响关联交易中的作用

变量符号	(1)	(2)	(3)
	Rpta	Rptb	Rptc
VC	0.002 (0.64)	-0.002 (-0.20)	-0.002 (-0.19)
Institute	0.067 (0.75)	0.137 (0.45)	0.140 (0.57)
VC × Institute	-0.056*** (-6.85)	-0.123*** (-6.76)	-0.125*** (-6.76)
Size	0.006*** (7.45)	0.003 (1.60)	0.003 (1.48)
Lev	0.051*** (11.69)	0.189*** (19.36)	0.189*** (19.09)
ROA	-0.017 (-1.53)	-0.158*** (-6.22)	-0.160*** (-6.24)
TobinQ	0.002*** (3.94)	0.010*** (8.86)	0.011*** (9.14)

续表

变量符号	(1)	(2)	(3)
	Rpta	Rptb	Rptc
Dual	−0.016*** (−10.22)	−0.033*** (−9.37)	−0.034*** (−9.36)
Independent	−0.063*** (−4.86)	−0.079*** (−2.72)	−0.078*** (−2.63)
Top1	0.055*** (9.88)	0.086*** (6.86)	0.086*** (6.81)
Constant	−0.144*** (−7.91)	−0.114*** (−2.81)	−0.113*** (−2.73)
Industry	YES	YES	YES
Year	YES	YES	YES
Observations	23 011	23 011	23 011
R-squared	0.103	0.091	0.090

注：括号内的数值表示对应系数的 t 统计量值，***、**、* 分别表示在 1%、5%、10% 水平上显著。

为了说明这种治理效应的增强不是其他机构投资者的作用，笔者将具有代表性的几类机构投资者，如基金、券商、保险、信托和社保的持股比例，与三个关联交易变量进行回归，发现这些机构投资者的回归系数均不显著，这说明风险投资与其他机构投资者共存的上市公司中，第二类代理问题的降低，不是其他机构投资者监督的结果，而是风险投资机构监督的结果，进一步证明了本节的假设。

需要说明的是，上面的结论没有否定前人对机构投资者治理效应的结论。相反，这个结论发展了前人的研究，在股东"异质性"理论的基础上，发现了风险投资这种机构投资者最具积极性，能够抑制控股股东的"掏空"行为，而其他机构投资者可能仅仅在整体上有治理效应，具体到某一类则没有风险投资那样显著。因此，其他机构投资者在风险投资降低控股股东的"掏空"行为时，具有"递进效应"。

（3）董事会治理在风险投资影响控股股东"掏空"时的作用。公司的内部治理主要通过董事会机制来实现（李维安，2021）。由于财务丑闻的频繁爆发，

21 世纪初美国公布了萨班斯 – 奥克斯利法案①，强化了董事会在公司治理中的作用，随后其他国家纷纷效仿，均提高了董事会的地位。许多研究显示，较好的董事会机制能够提高公司的经营绩效，优化战略选择，降低代理成本以及保护投资者利益。叶康涛等（2007）发现，在独立董事比例较高的公司，控股股东的"掏空"行为会受到抑制。因此，本文认为在董事会机制比较健全的公司，风险投资很容易出现"搭便车"的行为，因为较好的内部治理可以制约控股股东的"掏空"行为，使控股股东产生自律性，这就弱化了风险投资积极监督的倾向，替代了风险投资治理。

为了对此问题进行检验，建立如下模型：

$$\text{Tunnel}_{i,t} = \alpha + \beta_1 \text{VC}_{i,t} + \text{BoardGov}_{i,t} + \beta_2 \text{VC}_{i,t} \times \text{BoardGov}_{i,t} + \sum \gamma \text{Control} + \varepsilon \tag{9-5}$$

其中，Tunnel、VC 和控制变量 Control 的定义与模型（9 – 3）一致，在模型（9 - 4）中，笔者引入了新变量 BoardGov，其计量方式是参考刘玉敏（2006）的研究，将董事会规模、董事会持股比例以及独立董事比例主成分拟合成董事会治理指标。而后对该指标分年度分行业取平均值，将大于平均值的组取 1，代表较健全的董事会机制，反之取 0，代表不健全的董事会机制。我们关注风险投资变量（VC）与董事会治理变量（BoardGov）的交乘项系数 β_2。由表 9 – 8 可见，VC × BoardGov 的回归系数显著为正，这说明两种治理机制在一起发生了"替代效应"，也就是说在董事会机制较健全的情况下，风险投资发生了"搭便车"行为，降低了对控股股东的监督；而在董事会机制较差的情况下，风险投资无可依赖，只能自己承担起监督的职责。究其原因，主要有三个方面：其一，董事会机制不同于外部监督，它可以直接决定控股股东的各项提案是否能够实行，如果上市公司董事会治理较好，风险投资可能会放松对其控股股东的监督；其二，在董事会治理较差的时候，风险投资危机感会增强，他们为了保证自己的投资安全，可能会投入较大的监督成本，从而使治理效应加大；其三，董事会治理较好的公

---

① 萨班斯 – 奥克斯利法案全称为 2002 年公众公司会计改革和投资者保护法案（一般简称 SOX 法案），由参议院银行委员会主席萨班斯（Paul Sarbanes）和众议院金融服务委员会主席奥克斯利（Mike Oxley）联合提出。该法案对美国《1933 年证券法》《1934 年证券交易法》作出大幅修订，在公司治理、会计职业监管、证券市场监管等方面作出了许多新的规定。

司，控股股东"掏空"行为可能不那么严重，因此风险投资的介入就没有什么治理效应了。

表9-8   董事会治理在风险投资影响关联交易中的作用

变量符号	(1)	(2)	(3)
	Rpta	Rptb	Rptc
VC	−0.022*** (−7.54)	−0.056*** (−8.73)	−0.057*** (−8.70)
BoardGov	−0.014*** (−9.22)	−0.024*** (−6.95)	−0.024*** (−6.98)
VC × BoardGov	0.010** (2.45)	0.025*** (2.63)	0.025*** (2.60)
Size	0.010*** (13.20)	0.011*** (6.72)	0.011*** (6.64)
Lev	0.052*** (11.91)	0.192*** (19.53)	0.192*** (19.26)
ROA	−0.014 (−1.21)	−0.151*** (−5.93)	−0.154*** (−5.95)
TobinQ	0.004*** (7.26)	0.014*** (12.07)	0.015*** (12.39)
Dual	−0.019*** (−11.87)	−0.039*** (−10.92)	−0.039*** (−10.91)
Top1	0.099*** (20.07)	0.176*** (15.92)	0.179*** (15.94)
Constant	−0.238*** (−13.97)	−0.296*** (−7.77)	−0.297*** (−7.70)
Industry	YES	YES	YES
Year	YES	YES	YES
Observations	23 011	23 011	23 011
R-squared	0.094	0.083	0.082

注：括号内的数值表示对应系数的 t 统计量值，***、**、*分别表示在1%、5%、10%水平上显著。

9.2.5 研究结论

已有的研究表明风险投资介入可以缓解股东经理人利益冲突，降低经理人的代理成本。然而，在第二类代理问题严重的新兴市场国家，风险投资的介入能否降低控股股东的投机行为呢？现有的文献并没有涉及。本节基于我国的实践，实证检验了风险投资的介入可以抑制控股股东的"掏空"行为，改善了被投资公司的治理情况。不仅如此，笔者还发展了已有的风险投资治理研究，证明了 IPO 之后介入的风险投资也具有公司治理的作用，而且本研究也排除了其他机构投资者的影响，确认了在风险投资与其他机构投资者和大股东共存的上市公司中，控股股东投机行为的收敛是风险投资治理的结果。

进一步研究还发现，存在机构投资者制衡的上市公司，风险投资治理效应会增强，即风险投资治理发生了"递进效应"。同时，董事会治理机制也会对风险投资治理产生影响，具体表现为董事会机制会降低风险投资对控股股东"掏空"的抑制，产生"替代效应"。

通过研究，笔者有如下启示：第一，风险投资治理不仅能监督经理人，而且能抑制控股股东，是上市公司治理中一项重要的制衡机制；第二，风险投资投资特性和流动性限制使其存在监督成本，这些成本使风险投资更加习惯于通过"积极监督"的方式来保护自己的投资收益。基于这些特性，风险投资在上市公司治理中将发挥越来越重要的作用，而且，随着我国经济转型的不断加深和混合所有制改革的持续推进，风险投资已获得巨大发展，投资规模不断扩大，在这种情况下，如何规范风险投资的公司治理行为，鼓励其积极作用，限制其恶意干预，是政策制定者需要深入思考的。

9.3　风险投资对民营企业首次公开发行（IPO）的影响效应

9.3.1　研究背景

以往的研究发现，风险投资在辅助企业 IPO 的过程中，不只为企业提供资金支持，更重要的是为企业提供增值服务（value-added），如介绍中介机构、规范公司治理、优化上市资源等（Hellmann and Puri，2002）。这些专业化的增值服务一方面能够帮助待上市企业更容易地达到上市资格，更快地实现 IPO；另一方面也能够帮助这些企业更好地吸引资本市场的注意和得到投资者的认可（Hochberg et al.，2007）。我国民营企业在准备 IPO 的过程中，尤其需要这种服务，因为它们相对于国有企业来说，更加缺乏金融资源和资金实力，而风险投资机构能够通过自身广泛的社会网络、专业的金融服务和以往的成功经验，帮助民营企业更快更优地实现证券市场 IPO。因此，本节着重分析民营企业 IPO 过程中，风险投资的增值服务及其投资成效，并探索其形成的原因和路径。

国外学术界对风险投资的增值服务和投资成效一直有不同的看法。"效率观"认为，风险投资是一种外部治理机制，他们通过参与待上市公司的治理活动来增加价值进而促进企业的 IPO（Van den Berghe and Levrau，2002）。"逐名观"则认为，风险投资为了获得 IPO 退出收益，提高自己在资本市场上的声誉，会采用财务优化和关系网络等方法促进企业尽早实现上市（Gompers，1996）。而有研究发现，风险投资之所以产生上述两种机制，根本的原因在于制度背景不同（Chahine et al.，2007）。我国作为一个新兴市场，风险投资几乎是与资本市场同时发展的，这与西方先有成熟的资本市场，后有风险投资的繁荣不同（余琰等，2014），我国的风险投资机构大多资金有限，抗风险能力较弱，他们急需通过 IPO 退出来实现增值，进而巩固自己在行业中的地位。另外，我国民营企业普遍面临"融资渠道狭窄，融资成本高昂"的困境，无法满足企业技术创新和快速发展的资金需求。而要获得证券市场大批量、低成本的融资机会，民营企业就必须达到一定的上市标准。即使实现了"注册制"，放宽了民营企业进入证券市场的条件，依然有大批中小企业受限于公司规模和资金实力，无法实现 IPO。此时，他们就要引入风险投资，一是可以得到资金注入；二是可以利用专业的金融资源，帮助自己尽早上市以获得融资。据此，本研究着重关注在上述情况下，风险投资的介入对民营企业 IPO 的影响效应。

基于此，本节使用 2012～2019 年在沪深两市实现 IPO 的 1 240 家民营企业做样本，研究风险投资持股对民营企业上市速度和市场表现的影响。研究发现：（1）有风险投资参与的民营企业具有更快的上市速度，进一步检验发现，风险投资联合投资是实现这种优势的推动力。（2）风险投资降低了 IPO 折价率，使被投资企业能够以更接近二级市场的交易价格来发行股票，从而提高了其 IPO 融资效率。该发现揭示了风险投资对民营企业上市速度的影响。以往的研究大多关注风险投资对被投资企业 IPO 市场表现（Lee and Wahal，2004；张学勇和廖理，2011）和公司治理（Lerner，1995；Suchard，2008）的影响，没有关注到被投资企业的上市速度。事实上，在我国 IPO 资源稀缺的情况下，能否尽快获得上市资格，直接关系民营企业的切身利益，因此，笔者认为，相对于以往研究焦点——IPO 折价率（陈工孟等，2011）和治理结构（Hochberg，2012），上市速度更能体现风险投资对被投资公司的贡献。

9.3.2　理论逻辑与研究假设

（1）制度背景。影响民营企业（特别是中小民营企业）发展的最大制约因素是融资困难。一方面，民营企业的融资渠道狭窄。我国企业贷款的主要来源是商业银行，尤其是四大国有银行，其贷款量占据全国金融机构的 2/3，但是这些贷款只有 21.95% 被用于中小民营企业[①]，其他的只能依赖民间借贷。而我国的直接金融又不发达，公司债券市场的融资额占 GDP 年度平均比率在 1990～2008 年间仅为 0.76%，同时期股票市场的融资额也仅为 0.81%（陈德球等，2013）。这些资金量显然远远不能满足民营企业创新和发展的需求。另一方面，民营企业的融资成本高昂。商业银行贷款倾向于国有企业和大型企业是当前不争的事实。尽管国家采用了各种手段促进民营企业获得融资，但是商业银行稳健性和盈利性的需求，使得大多数民营企业在得到贷款时，被附加了很多"苛刻"的要求，如以贷转存、担保机构收费、"搭车"销售、过桥续贷等，这些都在无形中增加了民营企业的融资成本。据《经济参考报》报道，目前民营企业的融资成本一般在 20% 以上，有的甚至更高，这基本与大多数中小民营企业的年收益率持平。

面对如此严酷的融资环境，民营企业为了生存和发展，大多寄希望于公开上市。但是，能够取得证券市场 IPO 资格不仅是一种"实力"的较量，更是一种"关系"的比拼。"核准制"下上市机会"僧多粥少"的局面就不必说了，即使实行了"注册制"，民营企业要得到上市机会，也必须达到一定的标准，并取得"保荐人"的青睐和认可。这样，一些实力薄弱、关系有限，却急于获得资金的民营企业，就不得不通过引入风险投资的方式，来增加自己的实力，同时，也能利用他们强大的关系网络和金融资源，来帮助自己实现 IPO。研究发现，风险投资可以辅导介入公司的 IPO 过程，并帮助其取得更好的 IPO 绩效（Krishnand et al.，2011）。风险投资的资本市场关系能够帮助其投资的企业更容易实现 IPO，并在 IPO 时有更低的折价率（Yasuhiro and Gael，2010）。由此，笔者认为，风险

---

① 数据来源于中国银行业监督管理委员会的 2013 年年度报告。

投资在民营企业 IPO 时有推动作用，值得进行研究。

（2）风险投资与民营企业 IPO：上市速度。证券市场 IPO 是民营企业获得资金，提高声誉以及永续发展的关键一环。在我国证券发行"核准制"下，众多企业不得不排队以等待 IPO 机会，即使实现了"注册制"，企业想要公开上市，也必须通过层层审查，获得注册会计师、律师、投资银行的担保。这对于资金实力和金融资源都匮乏的民营企业来说，无疑是一种巨大的挑战。虽然一些大型的民营企业具有良好的"政商关系"，但是对于大多数中小民营企业来说，他们与资本市场的网络关系较薄弱，无法或者较难获得 IPO 的保荐资格，更不用说监管部门的"疏通"了。然而，风险投资的介入恰恰能够弥补民营企业的劣势，他们能够利用自己在资本市场上的声誉和关系网络，帮助民营企业与各类 IPO 担保人建立联系，并获得他们的认可和推荐，从而加快民营企业的上市速度。由此，提出本节的假设 H3：

H3：具有风险投资背景的民营企业，其上市速度更快。

（3）风险投资与民营企业 IPO：折价率。国内外学术界普遍认为风险投资的介入能够提高公司 IPO 的市场认可度（Brav and Gompers，1997）。但是对于折价率，则有不同的看法：基于美国数据的研究者发现，有风险投资参与的公司 IPO 首日折价率会显著低于那些没有风险投资的，即一级市场上的投资者没有要求更多的价值折扣，这使得公司能有一个更高的发行价格（Barry et al.，1990；Megginson and Weiss，1991）。然而，我国是一个新兴市场国家，资本市场的发育程度和风险投资的行为都不同于美国。里德和桑德兰（2003）就提出，虽然很多新兴市场的风险投资基金都效仿美国的模式，但是投资成效却不一定相同。陈工孟等（2011）的研究证实了这一点，他们使用 2004~2007 年在海内外进行 IPO 的中资背景公司数据发现，有风险投资参与的公司 IPO 折价率较高，不过这仅限于中国内地中小板市场和香港市场，在美国市场上则无此现象。张学勇和廖理（2011）在研究 2000~2008 年中国上市的公司中发现，有外资参与的风险投资，其支持的公司有较低的 IPO 折价率。这两个研究说明：成熟的市场和风险投资机构不通过 IPO 折价来增加退出成功率。基于中国台湾（Lu et al.，2012）和韩国（Cho and Lee，2013）的数据研究也表明，在新兴市场有了一定的发展后，风险投资就能够降低被投资公司的 IPO 折价率，提高发行价格。由此，本研究认为，我国的风险投资机构在经历了 20 多年的积累和发展后，虽然资金实力和抗风险能力依然不强，但是经过了几轮资本市场的"牛"与"熊"变换，其经验和成熟度都有所增强，尤其是 2007 年市场泡沫被挤出后，风险投资的行为会更加趋于理性，不再使用 IPO 折价的方法来换取高额的首日股票回报率，而采用更稳健的方法来获得市场认可。因此，笔者相信风险投资支持的企业 IPO 折价率会降低，由此，提出假设 H4：

H4：具有风险投资背景的民营企业，其 IPO 折价率更低。

9.3.3 研究设计

本节的研究样本为 2012～2019 年在沪深两市实现 IPO 的民营企业，由于金融行业的财务报表具有特殊性，所以在样本中删除了金融行业的上市公司，由于一些公司的资料不全，中途退市，所以笔者也删除了这些上市公司。最终，笔者得到 1 240 家上市公司 IPO 年份的相关数据，其中，风险投资变量和控制变量的选择与 4.2.2 小节和 4.2.4 小节一致，因变量上市速度（Opentime）和 IPO 折价率（Retnfstd；Retnadfstd）的度量方式如下：

第一，上市时间。笔者使用民营企业从成立到 IPO 的时间（Opentime）来测量上市时间[①]，其合理性在于融资困境下，我国民营企业大多从成立之时就积极争取上市。因此，该指标能够反映民营企业 IPO 的速度。显然，如果该时间较短，那么对应公司上市速度就较快。为了保证数据的有效性，笔者对从成立到 IPO 的时间取自然对数。

第二，IPO 折价率。结合新兴市场背景下我国制度环境的特征，借鉴陈工孟等（2011）以及张学勇和廖理（2011）的研究，笔者分别使用普通和经过市场调整的首日回报率（Retnfstd；Retnadfstd）来衡量民营企业的 IPO 折价程度。显然，如果某一民营企业在 IPO 时首日回报率较低，那么它的折价程度和一级市场让利就较低，相应的，它的发行价格就更接近二级市场的交易价格。

上市速度和 IPO 折价率的描述性统计以及关于风险投资的 T 检验如表 9 - 9 所示。

[①] 我国民营企业有两种产生形式：一种是由国有企业民营化而来的；另一种是由自然人或法人注册成立的。对于第一种情况，我们将民营化日期设定为成立日期；对于第二种情况，我们将最早的注册日期设定为成立日期。

表 9 – 9 上市速度和 IPO 折价率的描述性统计和 T 检验

Panel A	平均值	标准差	最小值	中位值	最大值	观察值
Opentime	2.689	0.338	1.386	2.708	4.127	1 240
Retnfstd	0.405	0.308	− 3.523	0.440	6.267	1 240
Retnadfstd	0.387	0.349	− 3.988	0.424	6.080	1 240

Panel B	无 VC 介入		有 VC 介入		均值 T 检验	
Opentime	2.711		2.675		1.847 **	
Retnfstd	0.432		0.387		2.522 *	
Retnadfstd	0.412		0.371		2.028 **	

注：***、**、* 分别表示在 1%、5% 和 10% 水平上显著。

由表 9 – 9 可以看出，民营企业从成立到 IPO 的时间自然对数（Opentime）平均为 2.689，有风险投资介入的为 2.675，无风险投资介入的为 2.711，通过均值 T 检验，发现两者在 5% 水平上显著存在差异，这说明风险投资介入的民营企业有较快的上市速度，符合本节假设 H3 的猜想。对于民营企业的 IPO 折价率，不论是用普通的首日回报率（Retnfstd），还是用经过市场调整的首日回报率（Retnadfstd）表示，有风险投资介入的民营企业都显著低于无风险投资介入的民营企业（T 值在 10% 和 5% 的水平上显著），这说明风险投资支持的公司有更低的 IPO 折价率，符合本节研究假设 H4 的猜想。

9.3.4　回归分析结果

为了验证本节的假设 H3 和 H4，建立如下模型：

$$\text{Opentime/Retnfstd/Retnadfstd} = \beta_0 + \beta_0 \text{VC}(\text{Syndicate}) + \sum \gamma \text{Control} + \varepsilon$$

$$(9 – 6)$$

其中，风险投资变量 VC 和控制变量 Control 见 4.2.2 小节和 4.2.4 小节，Sydicate 是风险投资辛迪加，即联合持股。因变量为上市时间（Opentime）、普通的首日回报率（Retnfstd）和经过市场调整的首日回报率（Retnadfstd）。

（1）风险投资对民营企业上市时间的影响效应。对模型（9 – 6）进行 OLS 回归，得到如表 9 – 10 所示结果。从第（1）列可以看出，风险投资变量（VC）对上市时间（Opentime）的回归系数为 − 0.046，在 5% 水平上显著。这表明风险投资持股的民营企业具有更短的上市时间，即更快的上市速度，证明了研究假设 H3。这反映了风险投资的参与，能够缩短民营企业从成立到 IPO 的时间，加快其上市速度，使其在行业竞争中能脱颖而出，摆脱融资困境，增强生存和发展的能力。进一步地，从第（2）列可以看出，风险投资联合投资变量（Syndicate）在 5% 水平上显著降低民营企业上市时间，这说明风险投资机构组成辛迪加集团投资，能够从多方面为被投资公司提供增值服务，加快其上市速度。

表 9-10　　　　　　　　　　风险投资对民营企业上市时间的影响效应

变量符号	(1) Opentime	(2) Opentime
VC	-0.046 ** (-2.33)	
Syndicate		-0.041 ** (-2.09)
Size	-0.026 (-1.57)	-0.024 (-1.47)
Lev	-0.205 ** (-2.38)	-0.204 ** (-2.37)
ROA	-0.625 ** (-2.35)	-0.636 ** (-2.38)
TobinQ	-0.040 ** (-2.16)	-0.039 ** (-2.13)
Dual	-0.007 (-0.37)	-0.008 (-0.43)
Independent	-0.208 (-1.08)	-0.191 (-1.00)
Top1	0.074 (1.07)	0.084 (1.21)
Industry	YES	YES
Year	YES	YES
Constant	3.429 *** (9.22)	3.373 *** (9.09)
Observations	1 240	1 240
R-squared	0.103	0.102

注：括号内的数值表示对应系数的 t 统计量值，***、**、* 分别表示在 1%、5%、10% 水平上显著。

（2）风险投资对民营企业 IPO 折价率的影响效应。表 9 – 11 反映了风险投资持股对民营企业 IPO 折价率的影响效应。由第（1）列可以看出，VC 变量在 1%水平上显著降低了民营企业普通首日回报率（Retnfstd）；第（2）列显示，VC 变量在 5%水平上显著降低了民营企业经过市场调整的首日回报率（Retnadfstd）。由此，可以说明风险投资的存在，具有"认证作用"（Megginson and Weiss，1991），能够向资本市场传递信心，提高介入公司的市场定价。这与使用我国 A 股市场早期的数据得到的结论不同（陈工孟等，2011），随着我国资本市场的发展和风险投资的经验积累，民营企业引入风险投资后会缩减发行市场的让利空间，使发行价格更接近于市场价格，降低 IPO 时的折价率。陆等（2012）以及周和李（2013）的研究也证明了这一点，即在有一定发展的新兴市场中，风险投资不再使用 IPO 折价来实现退出。由此，本节的研究假设 H4 得到证明。

表 9 – 11　　　　　　　风险投资对民营企业 IPO 折价率的影响效应

变量符号	(1)	(2)
	Retnfstd	Retnadfstd
VC	− 0. 053 *** (− 2. 99)	− 0. 047 ** (− 2. 27)
Size	− 0. 002 (− 0. 16)	− 0. 030 * (− 1. 71)
Lev	0. 138 * (1. 76)	0. 141 (1. 57)
ROA	0. 224 (0. 92)	0. 303 (1. 08)
TobinQ	− 0. 009 (− 0. 53)	− 0. 029 (− 1. 50)
Dual	− 0. 005 (− 0. 31)	− 0. 015 (− 0. 76)
Independent	0. 029 (0. 17)	0. 075 (0. 37)
Top1	0. 017 (0. 26)	− 0. 004 (− 0. 05)
Constant	0. 434 (1. 28)	0. 768 * (1. 96)

续表

变量符号	(1)	(2)
	Retnfstd	Retnadfstd
Industry	YES	YES
Year	YES	YES
Observations	1 240	1 237
R-squared	0.103	0.082

注：括号内的数值表示对应系数的 t 统计量值，＊＊＊、＊＊、＊分别表示在 1%、5%、10% 水平上显著。

（3）排除内生性结果。本研究的检验结果可能存在内生性问题，即风险投资给民营企业带来的增值服务可能不是随机的，而是与公司特征有关，并且这种特征可能反过来影响风险投资的增值服务。因此，笔者为了排除自选择（self-selection）问题，借鉴 Heckman 提出的两阶段模型对所有风险投资介入回归重新进行检验。在模型第一阶段中，参照余琰等（2014）的做法，控制了 IPO 民营企业所在地区是否与风险投资机构总部在一起，是否是高科技行业以及公司所在地是否是风险投资发达地区，同时笔者也控制了净资产收益率、每股盈余、收入增长率的财务方面的变量。通过第一阶段的模型求出逆米尔斯值（Inverse Mill's Ratio，IMR），再将其代入原来的风险投资介入回归中，以排除内生性问题。在未报告的结果中，没有看到主要结果发生变化。

（4）改变变量的衡量方式。笔者在分析风险投资影响民营企业上市时间时使用了代理变量，为了使其更加稳健，对该变量进行了重新衡量：首先，改革开放后，我国的 A 股市场形成于 1991 年①，因此，民营企业积极谋求 IPO 应该是 1991 年之后的事情，所以在衡量上市时间时将早于 1991 年成立的公司起始点均定义为 1991 年，然后产生新的上市时间变量（opentime），并代入模型进行回归，发现结果没有发生变化。其次，2001 年我国证券市场的发行制度由"审批制"变成"核准制"，这为众多民营企业的上市创造了机会，而后民营企业的上市数量不断增加，因此，也将 2001 年作为一个时间点，用来衡量民营企业从开始谋

---

① 上海证券交易所创立于 1990 年 11 月 26 日，同年 12 月 19 日正式营业；深圳证券交易所于 1990 年 12 月 1 日试营业，1991 年 4 月 6 日正式获中国人民银行批准。依据时间来看，我们将沪深股市正式运行定为 1991 年。

求上市到 IPO 的时间，将新变量代入模型后发现结果依然稳健。

9.3.5 研究结论

本节研究了风险投资介入民营企业 IPO 所带来的增值服务和投资成效。结合"效率观"的理论基础，立足中国资本市场的实际情况，探讨了民营企业在 IPO 过程中引入风险投资可能会对上市速度和市场表现产生哪些影响。研究结果表明：具有风险投资背景的民营企业有较快的上市速度，容易得到资本市场的认可，IPO 折价率较低，发行价格较高。

本节研究深化和拓展了风险投资增值服务和民营企业 IPO 的相关文献，并对我国制度环境下风险资本的投资成效给出了新的解释途径和经验证据。本研究首次使用代理变量衡量 IPO 速度，并通过假设检验证明了风险投资的参与能够提高民营企业的上市速度。但是，本研究依然存在如下的不足：首先，受样本数据可得性的影响，本节并没有研究在海外市场上市的民营企业；其次，由于缺乏 IPO 排队企业的具体财务信息和公司特征信息，笔者无法比较其与已上市企业的差异，因而在考察风险投资对上市时间影响方面就存在一定的误差；最后，本节的研究对象只包括通过 IPO 退出的风险投资，并没有关注通过并购和其他方式退出的风险投资，希望在未来的研究中能对此有所补充。

总结

本章从风险投资持股对代理成本、关联交易以及民营企业首次公开发行的影响效应三个方面，考察了风险投资的监督和认证作用。说明随着我国资本市场的不断发展和完善，风险投资机构的作用逐渐与成熟资本市场上的同行一致，即风险投资符合"效率观"假说，为被投资公司提供增值服务，监督其管理层的行为，降低信息不对称程度和代理成本，提高了其公司治理水平，最终影响其在资本市场上的表现。

第10章
风险投资的历史、现状和未来

10.1　发达国家风险投资的历史和经验

10.1.1　美国

勒纳等（Lerner et al.，2012）认为，早在 19 世纪末 20 世纪初，美国富有的家族就已经开始成立专门的机构来管理自己的投资。这些投资机构以基金的形式管理资产，定期向家族成员发放固定的资金，以保证他们的生活。与此同时，美国的创业者拥有许多优秀的技术和商业创意，他们希望获得资金来将这些技术和创意转化为商业价值（王斌，2019）。但是，20 世纪 30 年代的大萧条使得许多金融机构都设立了严格的贷款评估标准和烦琐的贷款申请流程，创业者既达不到标准，也等不起漫长的审批，这就使一些新的技术和创意被搁浅。不过，家族基金受到的金融监管较低，投资选择也比较灵活，他们既有能力（即资金）又有意愿（即风险承受力）去投资这些风险较大的创业项目。于是，在 20 世纪初，风险投资机构的雏形就以家族基金的形式产生，并迅速发展。一大批创业公司，例如美国电话电报公司（American Telephone and Telegraph Corporation）的前身、美国东方航空①以及麦克唐纳飞行器公司（McDonnell Aircraft Corporation），最初的股东都有家族基金的身影。这些富有的家族一般以股权的方式对创业公司进行投资，以获取较高的投资利润，开创了风险投资的先河。

家族基金的风险投资活动获得了资本市场的关注，尤其是在 20 世纪 40 年代末 50 年代初，第二次世界大战后的经济复苏阶段，高额的投资回报以及创业公

---

① 该公司于 1991 年倒闭，但是在它倒闭的时候依然是美国国内第四大航空公司。

司的资金需求催生了专业机构化的风险投资，这样世界范围内第一家现代意义的风险投资公司——美国研究发展公司（American Research and Development Corporation，ARD）就应运而生。ARD 主要为不符合银行贷款条件的初创企业提供融资，其资金来源是信托基金、大型养老基金以及其他大型机构投资者，基本不向中小投资者开放。为了保证能够选出"最具潜力的项目"并做到"分散风险"，ARD 聘用了许多顶尖投资人才和商业领袖。然而，ARD 在初期经营状况并不理想。先是启动资金没有像预想的那样吸收到机构的资金，后是公司投资的创业企业无法在短期内获得收益，直到 20 世纪 50 年代末，ARD 投资了数字设备公司[①]（Digital Equipment Corporation，DEC），并在 1966 年实现 IPO 时，才获得商业成功。勒纳等（2012）将 ARD 初期的失败归结为：广泛的社会目标与财务回报之间的矛盾。即 ARD 并非将财务回报作为最重要的目标，其在投资时也会考虑社会价值，后来的小企业投资公司（SBIC）项目也面临同样的问题。不过，20 世纪 60 年代经济的快速发展缓解了这个矛盾，ARD 和 SBIC 投资的创业公司经过几年的发展，很多都实现了股权价值增值，这让资本市场的投资者认识到这种新型的风险投资业务所拥有的巨大潜力，从而促进了风险投资行业的发展。

　　20 世纪 70 年代，伴随着美国资本市场的不景气，风险投资行业也陷入了低潮，其主要原因有以下两点：第一，IPO 市场的严重萎缩以及兼并和收购活动的减少阻碍了风险投资的退出渠道；第二，创业者急剧减少，风险投资难以找到投资标的。不过，在这一时期，风险投资行业出现了一种新的投资主体——有限合伙制公司（limited partnership），这种组织形式后来成为行业的主导，为未来美国几十年风险投资的繁荣发展立下汗马功劳，其优势主要有两个方面：第一，有限合伙制对职业金融家有巨大吸引力，因为该方式可以避开 1940 年的投资公司法案，使职业金融家可以获得股票选择权或是以经营业绩为基础的回报，大大提高了其收入；第二，有限合伙制可以回避政府对小企业投资公司的投资约束，可以吸引更多、更精明的投资者。进入 20 世纪 80 年代后，以个人计算机为代表的电子信息技术行业快速发展，美国风险投资行业迎来了第二次发展浪潮，我们今天所熟知的一系列美国高科技公司，如苹果（Apple）、微软（Microsoft）、IBM、戴

---

　　① 该公司于 1998 年被康柏公司以 96 亿美元的价格收购，后在 2001 年，随着康柏公司并入惠普公司。

尔（Dell）、惠普（HP）等，在创业初期均得到了风险投资的支持，而这些公司的成功又大大增加了风险投资的实力，使得他们拥有大量的资金，并获得资本市场投资者的青睐。根据 2001 年《美国总统经济报告》披露，美国风险资本的投资额在 20 世纪 80 年代的年均增长率为 17%，到 20 世纪 90 年代末，终于成为一个拥有相当规模的行业。

20 世纪 90 年代，美国进入信息技术革命时代，随之而来的是一系列互联网公司，比如亚马逊（Amazon）、谷歌（Google）、油管（YouTube）以及脸书（Facebook）等，这些公司促使美国风险投资行业迎来第三次发展高潮。从 1996 年到 2005 年，有 1 204 家风险投资支持的企业实现了 IPO（王斌，2019）。随着这些公司的上市交易，风险投资机构获得了巨额的投资回报，而这些回报又反过来哺育众多的创业公司，从而实现了美国资本市场创新投资的良性循环。当然，在 21 世纪初，风险投资在促进美国高科技快速发展的同时，也推动了互联网泡沫的形成，使得行业在 2002 ~ 2004 年间出现了短暂的回调，而后便是一路上升，即使 2008 年的金融危机也没有改变美国风险投资行业的上升趋势。到 2016 年，美国风险投资额达到了 1 270 亿美元，是 1978 年 582 倍，更是 1940 年的上千倍，不得不说，风险投资已经在美国资本市场上占据举足轻重的地位，既是创业创新的挖掘机，也是社会财富的创造器。

纵览美国风险投资的产生和发展历史，笔者认为以下三点值得我们关注：第一，创新创业需求与风险投资的发展互为因果。可以看出，创新创业的需求推动了风险投资行业的产生，而风险投资的发展又进一步推动了新的创新创业。众所周知，创新是一个国家兴旺发达的不竭源泉，而资金又是创新的基础。风险投资的存在沟通了创新创业的循环，如何做好这个循环，恰恰就是如何发展好风险投资行业；第二，风险投资与经济发展周期一致。美国资本市场上风险投资的高潮与低潮恰好与经济发展同步，也就是说在经济繁荣时期，风险投资的投资需求比较旺盛，而在经济衰退时期，风险投资又会受到抑制，这与其他的机构投资者不存在明显的区别；第三，法律、组织形式以及政策保障要及时加以更新。现在来看，风险投资是一个朝阳行业，发展迅速，变化较快。因此，相关的法律、组织形式以及政策保障要做到及时更新，以符合风险投资行业不断发展的需要。

10.1.2 欧洲国家

如果说美国是风险投资的先驱者，那么欧洲国家则是风险投资的第一批追随者。学术界普遍认为，欧洲国家风险投资行业兴起于20世纪70年代后期，最开始的时候，美国的风险投资公司在欧洲设立基金，主要投资英国和爱尔兰的创业公司，到了20世纪80年代，随着世界范围内经济的复苏和繁荣，欧洲大陆才出现风险投资机构。根据欧洲风险投资协会统计，英国、法国和德国是欧洲风险投资行业中最活跃的三大经济体，本部分对此一一进行介绍。

首先，英国。英国风险投资行业的发展，最早可以追溯到1945年英国清算银行和英格兰银行共同投资设立的3I集团，该集团的宗旨是解决英国中小企业发展的长期资本短缺问题，但是直到20世纪70年代，该集团的业务规模都很小，也没有相应地产生风险投资行业（王亚民和朱荣林，2003）。到了20世纪80年代，受益于政府推出的"初创企业计划"以及"企业扩张法案"，一些中小企业能够得到税收优惠等政策支持，从而激发了社会的创业热情。但是，银行等金融机构无法为这些企业进行贷款，因此，风险投资业务弥补了创业者的资金需求，得到了迅速发展。值得注意的是，英国风险投资基金很大程度上来源于美国投资者的资金，这与英美之间较强的联系相关。

其次，法国。法国是欧洲除英国外的第二大风险投资市场。该国的风险投资行业与英国一致，也产生于20世纪70年代，并在80年代蓬勃发展，这得益于法国政府出台的一系列扶持政策。此外，20世纪90年代，法国成立了由100多家风险投资公司组成的法国风险投资协会，极大地加速了法国风险投资行业的发展，到了1996年，法国资本市场又开辟了适合中小企业上市的"新兴证券市场（Le Nouveau Marche）"，为风险投资机构创造了新的退出渠道，增加了其资本的流动性。进入21世纪后，法国风险投资行业继续发展，尤其重视吸引国际风险资金，从而最大限度地分散风险并赢得国际比较收益（张新立和杨德礼，2006）。

最后，德国。早在1965年，德国就成立了第一个风险投资基金，但是直到20世纪90年代中期，德国只有大约60家比较活跃的风险投资机构。在这之后，德国的风险投资行业才有了迅速发展，这得益于1997年"新市场（Neuer Market）"的建立，该板块类似于法国的新兴证券市场，适合中小企业上市融资，这为风险投资创造了良好的退出渠道，促进了风险投资行业的发展。不过，杜斌和谈毅（2004）认为，德国风险投资的发展更多地源于高科技产业的发展而带来的创业需求，而不仅仅是退出渠道的拓宽。

综上所述，欧洲国家风险投资行业的发展历程与美国相似，均是基于经济发展和创业公司资金需求而产生的，然后随着政府支持政策的出台、资本市场退出渠道的开放以及高技术产业的发展而增长的。与美国风险投资行业相比，欧洲风险投资起步稍晚，规模较小，在进入 21 世纪后，发展速度明显下降，尤其是最近 10 年，投资规模持续萎缩，这可能与其 2008 年金融危机后经济不景气相关。

10.1.3　日本和韩国

日本和韩国是离我们距离最近的发达国家，他们的风险投资历史也值得我们关注和思考。

平力群（2006）将日本风险投资行业的发展归结为三次浪潮：第一次是 1970～1973 年，在此期间，日本经历了 60 年代的高速增长，涌现了许多创业公司，这些公司进一步发展需要资金，而银行等金融机构又无法满足他们。这时，很多产业界人士注意到了美国的风险投资成功，1971 年，京都经济同友会去波士顿调查了美国的风险投资企业，回来便成立日本第一家风险投资公司——京都事业发展公司（KED），此后又有 8 家风险投资公司成立，然而，20 世纪 70 年代的日本，创业公司上市非常困难，风险投资没有较好的退出渠道，获利比较困难，随着 1973 年经济危机的到来，风险投资行业受到不小的打击。第二次是 1983～1986 年，此时日本经济再一次腾飞，与美国一样，日本也追求高科技产业的发展，由此催生了一系列创业公司，他们有巨大的资金需求，这为风险投资再一次发展提供了基础。该时期成立的风险投资公司大多以银行、证券或大公司为中心，主要是为了规避一些监管法规，为一些有前景但不符合贷款标准的创业公司提供资金。在"广场协议"后，随着日本经济的衰退，此轮风险投资浪潮也结束了。第三次是 20 世纪 90 年代末，在"泡沫经济"破灭后，日本寄希望于新兴产业带动经济转型，解决就业问题以及提高生产效率，帮助国家走出经济低迷，因此，日本政府采取了一系列措施来鼓励创业公司投资，风险投资行业就此迎来了一波新的浪潮，但是日本经济始终不振，创业公司难以取得发展，风险投资机构无法获得投资回报，行业发展前景不乐观。

韩国风险投资行业起源于 20 世纪 70 年代，主要受宏观经济和政府政策的推动，短期内取得了较快的发展。韩国风险投资的特点有以下几个：第一，政府大力支持，例如建立政府引导基金，帮助有前景的创业公司解决初创期的资金难题，还出台各种政策，减免创业公司和风险投资机构的税收，开辟适合创业公司上市的资本市场，增加风险投资退出渠道；第二，政府介入较少，也就是说，即使政府引导资金投入了创业公司，政府也仅限于一般的股东，并不参与企业内部的经验管理，不对公司发展指手画脚；第三，风险投资网络发展较好，韩国民间有大量资本投入风险投资领域，这些资本与政府、大企业、大银行合作，建立了覆盖全国的风险投资网络。

综上所述，可以看出，日本与韩国的风险投资行业产生、发展与他们的经济起伏息息相关，也就是说在这两个国家，风险投资是为创业公司提供资金服务的，当经济繁荣，创业公司不断涌现时，风险投资行业就迎来发展高潮；而当经济低迷，创业公司减少时，风险投资行业就陷入低潮；至于国家政策支持，资本市场开辟渠道，都是促进风险投资行业发展的必然选择。

10.2 我国风险投资的发展历程、现状和问题

本部分首先概述我国风险投资的发展历程，然后从现状分析面临的问题。

10.2.1 我国风险投资的发展历程

我国风险投资行业的发展，大致可以分为五个阶段。

第一，起步或探索阶段（1985～1998 年）。与发达国家相比，我国风险投资行业起步较晚，一般认为，1985 年 9 月成立的中国新技术风险投资公司是我国第一家从事风险投资活动的股份制公司，代表了我国风险投资行业的开端。不过在那个时代，虽然国家认识到风险投资对经济发展的重要性，但是中小企业在缺乏资金时，还是寻求银行贷款，因此风险投资行业发展缓慢。直到 1992 年，随着改革开放的进一步深化，一些外国风险投资机构开始在中国设立办公室或分支机构，风险投资行业才引起资本市场的关注。与此同时，上海和深圳证券交易所相继成立，公开上市为风险投资的股权退出开辟了良好的渠道，这为风险投资的进一步发展奠定基础。1995 年左右，国家大力推进高科技产业发展，各地建立了

一系列政府引导基金，规模较大的有广东科技风险投资公司、上海科技风险投资公司以及江苏省高新技术风险投资公司。

第二，学习或兴起阶段（1998～2000 年）。1998 年，中国民主建国会中央委员会（以下简称民建中央）在时任主席成思危的领衔下，向全国政协提交了《关于尽快发展我国风险投资事业的提案》（即著名的"一号提案"），掀开了我国风险投资发展的大序幕。当时，我国改革开放已经取得一定成就，香港回归，经济快速发展，20 世纪 80 年代末至 90 年代初的留学生开始陆续回国，他们吸收了发达国家的风险投资经验，积极在我国开展风险投资事业，很多在今日闻名的风险投资公司都是在那个时候成立。1998～2000 年，我国政府出台多项政策鼓励风险投资发展，国内风险投资机构的数量和募资规模都呈现了快速增长的态势。在这一时期，我国风险投资行业的主要特征是学习美国等发达国家经验，大多风险投资从业人员都有留学经历。

第三，萎缩或调整阶段（2001～2003 年）。2001 年下半年，以美国为首的发达资本主义国家出现了互联网泡沫破裂，资本市场股票指数大幅下跌，波及国内。从 2001 年 7 月开始，我国主板市场 IPO 暂停，这对风险投资行业的发展产生了非常不利的影响。伴随着经济发展减速，高科技产业停滞，我国的风险投资行业进入了一个调整期。王斌（2019）指出，我国风险投资机构的数量由 2002 年的 296 家下降到 2003 年的 233 家，下降幅度超过 25%，募集资本额从 580 亿元人民币下降到 500 亿元人民币，减少约 80 亿元。不过，值得庆幸的是，这一时期的调整并未打击从业人员的信心，很多风险投资人依然按部就班地投资创业公司，只是投资的方向不再局限于高科技产业，一些传统产业也接受到风险资本，这为后一时期我国经济腾飞打下良好的基础。

第四，粗放式增长阶段（2004～2009 年）。2004 年，我国加入世界贸易组织后的收益开始显现，国际贸易有了大幅增长，东部沿海地区中小企业不断涌现，他们接到大批国际订单，急需资金来扩大生产规模，这为风险投资行业的发展带来契机。2006～2007 年的资本市场繁荣以及 2009 年创业板的推出，给风险投资股权退出带来极大的便利，从 2004～2009 年，风险投资支持的 IPO 企业逐年上升，项目投资平均回报率从 2 倍跳涨到 6 倍，有的优秀项目甚至能达到 10 倍以上。丰厚的回报和高额的利润吸引了大量资金进入行业，风险投资基金的募集额和投资额在此期间均增加了 60%，无论是专业人士，还是业外人士，都不想错过这样的商机，纷纷涌入风险投资行业，各处寻找待投资项目，行业内"抢投事件"屡见不鲜，投后管理"乱象丛生"，呈现出一种粗放式增长。

第五，规范化和专业化阶段（2010 年以后）。早在 2005 年，国家发改委联合科技部、财政部、商务部等十部委颁布了《创业投资企业管理暂行办法》，为风险投资行业健康有序发展指明了方向。然而，行业内从业人员大多追求高额、快速的投资回报，并不关心创业公司的价值增值，有的为了尽快实现被投资企业IPO，甚至拔苗助长，牺牲公司的未来发展以追求即时的高利润，这完全与国家设立风险投资，推进高科技创业公司发展的目标相违背。对此，2010 年后，国家出台多项法律政策，限制风险投资的不良行为，并鼓励地方设立创业投资引导基金，以帮助创业公司发展。这一时期，风险投资行业逐步向规范化和专业化转型，以往的粗放式增长已经被大多风险投资机构所抛弃，风险投资人更看重创业公司的价值增值能力。

10.2.2 我国风险投资的现状和问题

我国风险投资的现状和问题可以归结为以下五个方面。

第一，风险投资进一步增长需要新的动力。与西方发达国家一样，经济持续增长带来的资金需求是我国风险投资产生和发展的动力。纵观我国风险投资发展历程，行业的每一次高潮都对应着经济的繁荣，可以这么说，没有经济的发展，就没有风险投资存在的必要。因此，风险投资行业的生存和发展依赖于我国的经济状况。当前，我国经济受多重因素影响使实体经济增长下降，虽然新能源车、光伏等产业依然欣欣向荣，但是我国的经济中依然缺乏新的增长点（即新的动力）。在这种情况下，新技术创业公司很难有突破的可能，而传统行业的创业公司又没有太大的发展前景，风险投资投入的资金几乎不可能向前几年那样得到高额的回报，结果就是当前的风险投资行业停滞不前，缺乏可投资项目。

第二，风险投资行业呈现"不均衡"发展。在我国，风险投资行业整体呈现一种"不均衡"的状态，主要表现在地域、产业、投资阶段等方面。从地域看，我国的风险投资机构主要集中在北京、上海、广州、深圳等一线城市①，少

---

① 天津、新疆有大量风险投资机构注册，但是这些风险投资机构主要办公地点依然是四大一线城市。

数分布在东部沿海等城市，这些机构投资的创业公司也主要集中在北京、上海、深圳等，据统计，2015 年风险投资新增投资项目中约有 60% 投向这三个城市，约有 95% 投向东部沿海城市，广大中西部地区几乎与风险投资绝缘。从产业看，我国风险投资倾向于投资新兴产业，尤其是高科技产业，例如能源环保、生物医药、互联网 IT 等，传统行业很难得到风险投资的注资。这与西方发达国家的情况一致，也符合风险投资的本质。从投资阶段看，我国风险投资主要投资处于成长期和扩张期的公司，很少投资种子期的公司，这可能与当前经济预期不景气有关，毕竟种子期公司风险过大，而成长期和扩张期的公司有更大可能成功。

第三，投后管理相对落后，相关人才匮乏。投后管理一直是我国风险投资行业的弱点。据相关调研显示，风险投资机构更加注重投资前调查以及投资后监督，很少提供价值增值服务（value-added），帮助被投资公司提高企业价值，这与发达国家风险投资存在一定的差距。一般来说，在我国风险投资行业中，只有外国或国内顶尖的风险投资机构，才提供价值增值服务，大多中小风险投资机构的投后管理，就是单纯地监督创业者的工作和业绩。导致这种结果的原因是投后管理人才匮乏。当前，我国风险投资从业人员大多来自金融或财务专业，对于融资、投资以及资金管理等业务比较熟悉，而对专业技术、市场渠道等知识掌握不多，风险投资人大多只是给被投资公司注入资金，帮助他们解决投融资等问题，其他的事务很少参与。

第四，政府参与度较高。与发达国家不同，我国政府一直是风险投资行业的重要参与者，尤其在 20 世纪末，风险投资发展的初期，有相当一部分风险投资资本都是政府用公共财政资金发起设立的。时至今日，我们依然可以看到很多国有风险投资机构，他们作为政府引导基金而存在，专门投资当地创业公司，有力地促进了地方经济的发展。政府的参与对于调节风险投资市场的无序有重要意义，也对创业公司的培育有不可忽视的作用。

第五，市场中介机构和配套服务落后。与发达国家相比，我国缺乏风险投资市场中广泛存在的中介机构和配套服务。这些机构的作用是提供技术支持、专业咨询、建立信息网络、战略规划以及资产评估等，其作用是增加信息沟通，为风险资本供需双方提供信息来源，增加双方的接触机会，提高资本和项目的匹配机会（刘曼红等，2018）。在我国，这些工作主要由风险投资机构的研究团队完成，这样做的优势是信息可靠，但缺点是成本高，专业化低以及可获得信息有限。

10.3　外国风险投资机构的影响

1993 年，美国国际数据集团（International Data Group）在我国设立第一支基金"美国太平洋技术风险投资基金"，拉开了外国风险投资机构进入国内市场的序幕，在此之后，软银、凯雷、红杉资本等外国风险投资机构也纷纷看中我国风险投资市场的巨大潜力，争相进入。据投资界数据显示，截至 2021 年，我国有 6 616 家包含外资的风险投资机构。尽管这些机构的数量和资本量从 2008 年开始就落后于国内的风险投资机构，但是他们对我国风险投资行业的发展具有重要的意义。

借鉴尹国俊等（2015）的研究，外国风险投资机构对我国风险投资行业的影响主要归结为以下几个方面：第一，需求衍生机制。该机制主要发生在我国风险投资行业创立的初期，那个时候，外国风险投资机构相对国内机构更加专业化，他们善于选择项目，培育了一系列高科技创业公司，而这些公司的成功又促进了我国高科技行业的发展，为我国风险投资行业提供了更多的投资标的，刺激了国内资本流入该行业。第二，竞争机制。在我国风险投资发展初期，国内机构较少，待投资项目很多，外国风险投资机构的竞争还不是很激烈。近年来，随着风险投资行业趋近饱和，两者之间的竞争愈加激烈，拥有各自的优势：外国风险投资机构比较擅长专业化的投后管理以及国际市场开辟，而国内风险投资机构拥有本土化关系网。第三，示范机制。外国风险投资机构在资金募集、组织管理、投资理念、退出机制等方面均对国内机构起到示范作用。尤其是一些来自成熟资本市场，具有几十年风险投资经验的外国机构，他们有完善的投资、监督和退出体系，也有专业化人才，其风险投资活动给我们提供了很多可借鉴的经验。第四，人才培育机制。很多国内风险投资机构的创立者拥有在外国风险投资机构工作的经历，不可否认，外国机构为我国风险投资行业培养了不少优秀人才。第五，市场优化机制。外国风险投资机构的存在也促进了我国风险投资市场的优化，例如一些法律政策的制定就参考了外国机构管理人的建议，同时，我国资本市场为风险投资退出开辟渠道，也有外国机构的大力呼吁和推动。

10.4　我国风险投资行业的未来

经过近 40 年的发展，我国风险投资行业已经具有相当规模，仅次于美国，在国际上排名第二位。风险投资对我国经济转型、高科技产业发展以及创新创业活动具有重要意义，在未来可能会有以下前景。

第一，经济发展决定了我国风险投资的广度和深度。说到底，风险投资是一种金融服务业，服务的是实体经济。实体经济好坏决定了风险投资行业的存在和发展。无论是国内，还是发达国家的风险投资历史，都显示了行业与经济周期的相关性，而政府和市场相关措施的推出，也是适应当时的经济发展需求。因此，风险投资行业未来的发展，在很大程度上取决于我国经济发展的需要。

第二，风险投资市场化势在必行。政府参与是我国风险投资行业的特点，其在维持行业健康有序发展方面功不可没。然而，风险投资是一种资本市场融资机制，相应的中介服务和配套措施也是市场行为，通过市场的调整恐怕更容易做到优胜劣汰，提高行业利润。在这个过程中，政府可以多承担监督者角色，减少参与者角色。

第三，投后管理是风险投资成功的关键。我国的风险投资行业已经度过了粗放式增长的阶段，不再像过去那样，钱少项目多，风险投资机构可以有大量选择空间。当前经济增长放缓，创业公司减少，风险投资可投资项目不多，只有认真做好投后管理，提供价值增值服务，促进被投资公司价值增值，才能获得投资回报，得到市场的认可。这需要风险投资机构做到行业细分，增加所投行业的专业人才招募。

第四，跨专业的风险投资人可能成为行业的主导。以往的风险投资人主要来源于金融、财务等专业，具备深厚的投融资、资金运作和管理的知识，但是这些知识无法为被投资公司提供行业资讯，而一些既了解所投资行业，又具备金融、财务知识的人，可能会更受创业公司的青睐。

第 11 章
总结和政策建议

11.1　研究结论

本书运用定性研究与定量研究相结合的方式，探索了风险投资、企业生产率与股价信息质量三者之间的关系，主要得出以下研究结论：

1. 风险投资对单一生产要素的生产效率具有促进作用。具体而言：（1）风险投资能够增强被投资公司的研发投入强度和专利获取量，也能够增强技术要素投入（用研发投入强度表示）——产出（用专利获取量表示）的敏感性；（2）风险投资能够提高资本要素投入——产出效率，表现为风险投资参与的创业公司更善于抓住投资机会，提高投资效率；（3）风险投资持股能够显著提升高管的薪酬—绩效敏感度，增加普通劳动者的劳动投资效率，从而提高劳动要素的投入——产出效率。

2. 风险投资对全要素生产率表示的企业生产效率不存在显著的影响。究其原因，主要有三点：（1）风险投资不是企业生产和经营的主体，他们只是一类具有监督职能的大股东。企业生产率的高低更多地取决于管理者，而不是监督者；（2）企业生产率受限于社会生产力发展阶段和技术的进步，与公司固有的生产能力相关，几乎不能通过增加监督、强化治理等方法改变；（3）样本数据来源于上市公司，可能在这个时候，风险投资已经实现了上市退出，不再关心被投资公司生产率的提高。

3. 风险投资的存在显著提高了上市公司的股价信息质量，而且这种效应不随宏观环境因素，中观行业因素以及微观企业因素的变化而变化。进一步地，风险投资的存在也能降低上市公司的股价崩盘风险。在一系列内生性检验和稳健性检验后，该结论依然成立，这具有重要的意义，说明风险投资作为机构投资者的一种，能够促进被投资公司的特质信息有效地融入股票价格中，增强了资本市场股价信息的有效性。

4. 风险投资在企业生产率对股价信息质量的影响中不发挥显著的作用，这与研究初始的设想不一致。究其原因，根源恐怕就在风险投资对企业生产率不存在显著的影响，进而影响其在生产率与股价信息质量之间的作用。这说明，还需要从其他角度来探究风险投资、企业生产率与股价信息质量三者之间的内在联系。

5. 风险投资具有公司治理效应，发挥认证和监督的作用，这说明风险投资的行为符合"效率观"假设，可以说明风险投资追求的是长期收益，有培育高价值公司的动机，会对被投资公司提供增值服务、优化管理流程，发挥"积极股东"的特性，监督管理层，降低代理成本，完善信息披露质量，增强被投资公司与资本市场的信息传递效率。据此，本书相信风险投资是通过增值行为来实现投资回报。

6. 本书不否认"逐名观"效应的存在，事实上，在我国风险投资发展初期，很多风险投资机构为了追求投资收益，也拔苗助长，强推被投资公司上市。但是，这种行为并非我国风险投资行业的主流，而且随着行业日益成熟和规范，"逐名观"效应越来越少。

11.2　研究创新

本书主要在以下两个方面进行了创新。

11.2.1　研究视角的创新

研究视角的创新包括：（1）从"投入—产出"角度，探索风险投资对要素生产率的影响。现有文献在考察风险投资对要素生产率的影响时，只注重"产出"的比较，忽视了"投入—产出"的对比，这可能会导致风险投资持股与要素生产率的伪相关，因为一些企业天然就具有资源优势，无论风险投资参与与否，都可以拥有较高的产出。因此，本书引入"投入"变量，从"投入—产出"角度，考察风险投资是否能改变上市公司的要素生产率。（2）从股价信息质量角度，探索风险投资对资本市场定价效率的影响。风险投资作为多层次资本市场的重要参与者，其对资本市场的定价效率是否存在影响呢？以往的研究没有涉及，本书创新性地从股价信息质量角度，探索了风险投资持股是否能够提高上市公司与资本市场的信息传递效率，将风险投资研究从微观企业层面扩充到宏观资本市场层面，拓展了已有的研究范围。

11.2.2 研究内容的创新

研究内容的创新包括：（1）在上市公司中，挖掘风险投资影响企业生产率的驱动因素。已有学者提出，风险投资持股可以提高介入公司的企业生产率（Chemmanur et al., 2011）。本书以此为基础，进一步挖掘风险投资影响企业生产率的驱动因素，即在一般条件下，风险投资是通过技术、资本还是劳动来驱动上市公司提高生产效率的？（2）在宏观、中观和微观因素作用下，考察风险投资对股价信息质量的影响。在创新性地研究风险投资对股价信息质量影响的基础上，本书进一步探索宏观、中观和微观因素在这之间的调节作用，以期能够更好地理解风险投资持股对上市公司信息传递效率的影响。

11.3 政策建议

根据研究结论，回顾风险投资发展历程，基于行业现状，本书提出如下政策建议。

政策建议一：挖掘经济新增长点是风险投资持续发展的根本。

风险投资设立的初衷，是为了促进高新技术创业公司的发展，这些公司都是时代的经济增长点。纵观发达国家风险投资的发展历程，其高潮与低潮的交替，无一不是与当地经济息息相关。可以说，没有经济的增长，就没有风险投资的发展。风险投资的存在就是为了服务实体经济的金融机构。当前，我国国际贸易形势严峻，经济增长速度降低，尽管新能源车、光伏等行业蓬勃发展，但是俄乌战争导致的欧洲新能源需求降低，均对我国经济发展产生不利影响。在此时刻，努力挖掘经济新增长点是最重要的、根源性的问题。只要我们有了新的经济增长点，创业公司就会层出不穷，风险投资才会有存在和发展的意义。如果经济衰退，风险投资没有了服务的对象，别说进一步发展，就是存在都没有必要。

政策建议二：拓宽风险投资渠道，鼓励国内风险投资"走出去"。

　　在我国经济增长降低的现实下，如何解决国内风险投资机构的生存和发展问题？笔者认为"走出去"是一个思路。20 世纪 90 年代，以美国为首的发达国家风险投资机构陆续进入我国市场，一方面促进了我国风险投资事业的发展，培育了一系列耳熟能详的创业公司；另一方面也从我国赚取了巨额利润，享受了改革开放后我国经济高速发展的红利。从这个角度说，国内的风险投资机构也可以在国外寻找投资目标，这不仅可以投资获利，也可以帮助外国的创业公司打开中国市场，拓宽他们的国际贸易渠道，这对增强我国国际关系，优化国际贸易环境有重要意义。

　　政策建议三：风险投资市场化势在必行。

　　我国风险投资行业区别于国外的重要特征就是"政府高度参与"，政府不仅是风险投资行业的监督者，也是参与者，很多政府引导基金在促进当地经济发展中发挥了重要的作用。然而，风险投资说到底是一种市场行为。在美国，风险投资行业不仅拥有风险投资机构，还拥有众多为其服务的中介机构，如会计师事务所、律师事务所、可投资项目介绍机构、项目评估机构以及投后管理咨询机构等，这些机构形成了一个完整的体系，在政府监督下，有序进行风险投资活动。随着我国各项制度完善、市场愈加成熟，政府要逐渐从"参与者"转变为"监督者"，这样才能使风险投资行业完成优胜劣汰，实现可持续发展。

参考文献

1. 白重恩、刘俏、陆洲等，2005，中国上市公司治理结构的实证研究，经济研究，2，81－91.

2. 薄仙慧、吴联生，2009，国有控股与机构投资者的治理效应：盈余管理视角，经济研究，2，81－91.

3. 蔡宁，2015，风险投资"逐名"动机与上市公司盈余管理，会计研究，5，20－27.

4. 陈闯、杨威，2008，股权投资者异质性对董事会职能演进的影响——以平高电气为例，管理世界，12，149－159.

5. 陈德球、肖泽忠、董志勇，2013，家族控制权结构与银行信贷合约：寻租还是效率，管理世界，9，130－143.

6. 陈鑫、陈德棉、谢胜强，2017，风险投资、资本项目开放与全要素生产率，科研管理，4，65－75.

7. 董静、汪江平、翟海燕、汪立，2017，服务还是监控：风险投资机构对创业企业的管理——行业专长与不确定性的视角，管理世界，6，82－103.

8. 董静、翟海燕、汪江平，2014，风险投资机构对创业企业的管理模式——行业专长与不确定性的视角，外国经济与管理，9，3－11.

9. 窦欢、王会娟，2015，私募股权投资与证券分析师新股关注，会计研究，2，44－50.

10. 杜斌、谈毅，2004，德国风险投资业的发展历程与启示，预测，5，31－34.

11. 樊纲、王小鲁、朱恒鹏，2011，中国市场化指数——各省区市场化相对进程2011年报告，北京：经济科学出版社，2011.

12. 冯慧群，2016，风险投资对公司治理的影响效应——文献述评与研究展望，现代管理科学，7，67 – 69.

13. 冯慧群，2016，风险投资是民营企业 IPO 的"救星"吗，财贸经济，8，66 – 80.

14. 冯慧群，2016，私募股权投资对控股股东"掏空"的抑制效应，经济管理，6，41 – 58.

15. 冯慧群，2016，私募股权投资具有公司治理效应吗，会计之友，7，17 – 24.

16. 冯慧群，2016，私募股权投资能缓和委托代理矛盾吗，财会月刊，5，114 – 119.

17. 付雷鸣、万迪昉、张雅慧，2012，VC 是更积极的投资者吗？——来自创业板上市公司创新投入的证据，金融研究，10，125 – 138.

18. 干春晖、郑若谷、余典范，2011，中国产业结构变迁对经济增长和波动的影响，经济研究，5，4 – 16.

19. 苟燕楠、董静，2014，风险投资背景对企业技术创新的影响研究，科研管理，2，35 – 42.

20. 郝颖、辛清泉、刘星，2014，地区差异、企业投资与经济增长质量，经济研究，3，101 – 114.

21. 洪剑峭、薛皓，2009，股权制衡如何影响经营性应计的可靠性——关联交易视角，管理世界，1，153 – 161.

22. 胡海峰、胡吉亚，2019，风险投资学（第 2 版），北京：北京师范大学出版社.

23. 黄俊、郭照蕊，2014，新闻媒体报道与资本市场定价效率——基于股价同步性的分析，管理世界，5，121 – 130.

24. 黄俊、张天舒，2010，制度环境、企业集团与经济增长，金融研究，6，91 – 102.

25. 姜付秀、马云飙、王运通，2015，退出威胁能抑制控股股东私利行为吗，管理世界，5，147 – 159.

26. 姜国华、岳衡，2005，大股东占用上市公司资金与上市公司股票回报率关系的研究，管理世界，2005，9，119 – 126.

27. 金智，2010，新会计准则、会计信息质量与股价同步性，会计研究，7，

19 – 26.

28. 李明辉，2009，股权结构、公司治理对股权代理成本的影响——基于中国上市公司 2001～2006 年数据的研究，金融研究，2，149 – 168.

29. 李增泉、孙铮、王志伟，2004，"掏空"与所有权安排——来自我国上市公司大股东资金占用的经验证据，会计研究，12，3 – 13.

30. 刘曼红、P. Levernsohn、刘小兵，2018，风险投资学（第二版），北京：对外经济贸易大学出版社.

31. 刘玉敏，2006，我国上市公司董事会效率与公司绩效的实证研究，南开管理评论，1，84 – 90.

32. 逯东、万丽梅、杨丹，2015，创业板公司上市后为何业绩变脸，经济研究，2，132 – 144.

33. 罗炜、余琰、周晓松，2017，处置效应与风险投资机构：来自 IPO 公司的证据，经济研究，4，181 – 194.

34. 毛其淋，2013，要素市场扭曲与中国工业企业生产率——基于贸易自由化视角的分析，金融研究，2，156 – 169.

35. 宁向东，2005，公司治理理论，北京，中国发展出版社.

36. 裴长洪，2013，进口贸易结构与经济增长：规律与启示，经济研究，7，4 – 19.

37. 平力群，2006，日本的三次风险投资浪潮及现状，现代日本经济，2，16 – 21.

38. 钱苹、张帏，2007，我国创业投资的回报率及其影响因素，经济研究，5，78 – 90.

39. 权小锋、尹洪英，2017，风险投资持股对股价崩盘风险的影响研究，科研管理，12，89 – 98.

40. 任灿灿、郭泽光、田智文，2021，资本市场开放、股价信息含量与企业全要素生产率——基于"沪深港通"的准自然实验，国际商务（对外经济贸易大学学报），2，141 – 156.

41. 王斌，2019，风险投资学，北京：清华大学出版社.

42. 王会娟、张然，2012，私募股权投资与被投资企业高管薪酬契约——基于公司治理视角的研究，管理世界，9，156 – 167.

43. 王会娟、张然、胡诗阳，2014，私募股权投资与现金股利政策，会计研究，10，51 – 58.

44. 王琨、肖星，2005，机构投资者持股与关联方占用的实证研究，南开管理评论，2，27 – 33.

45. 王亚民、朱荣林，2003，欧洲风险投资业发展历史、现状及趋势——基于现代产业组织理论 SCP 框架分析，世界经济研究，1，70 – 75.

46. 王亚平、刘慧龙、吴联生，2009，信息透明度、机构投资者与股价同步性，金融研究，12，162 – 174.

47. 魏明海、黄琼宇、程敏英，2013，家族企业关联大股东的治理角色——基于关联交易的视角，管理世界，3，133 – 147.

48. 魏志华、吴育辉、李常青，2012，家族控制、双重委托代理冲突与现金股利政策——基于中国上市公司的实证研究，金融研究，7，168 – 181.

49. 吴超鹏、吴世农、程静雅、王璐，2012，风险投资对上市公司投融资行为影响的实证研究，经济研究，1，105 – 119.

50. 吴世农，1996，我国证券市场效率的分析，经济研究，4，13 – 19.

51. 徐保昌、谢建国，2016，市场分割与企业生产率：来自中国制造业企业的证据，世界经济，1，95 – 122.

52. 徐莉萍、辛宇、陈工孟，2006，股权集中度和股权制衡及其对公司经营绩效的影响，经济研究，1，90 – 100.

53. 徐欣、夏芸，2015，风险投资特征、风险投资 IPO 退出与企业绩效——基于中国创业板上市公司的实证研究，经济管理，5，97 – 107.

54. 许年行、洪涛、吴世农、徐信忠，2011，信息传递模式、投资者心理偏差与股价"同涨同跌"现象，经济研究，4，135 – 146.

55. 许年行、于上尧、伊志宏，2013，机构投资者羊群行为与股价崩盘风险，管理世界，7，31 – 43.

56. 杨汝岱，2015，中国制造业企业全要素生产率研究，经济研究，2，61 – 74.

57. 叶康涛、陆正飞、张志华，2007，独立董事能否抑制大股东的"掏空"，经济研究，4，101 – 111.

58. 尹国俊、曾可昕、伍利群，2015，外资风险投资在中国的运行模式及其对中国风险投资的影响，北京：经济科学出版社.

59. 余明桂、夏新平，2004，控股股东、代理问题与关联交易：对中国上市公司的实证研究，南开管理评论，6，33－38.

60. 余琰、罗炜、李怡宗、朱琪，2014，国有风险投资的投资行为和投资成效，经济研究，2，32－46.

61. 张兵、李晓明，2003，中国股票市场的渐进有效性研究，经济研究，1，54－61.

62. 张新立、杨德礼，2006，法国风险投资业的发展、成因和启示，科研管理，2，153－160.

63. 张学勇、廖理，2011，风险投资背景与公司IPO：市场表现与内在机理，经济研究，6，118－132.

64. 张学勇、张叶青，2016，风险投资、创新能力与公司IPO的市场表现，经济研究，10，112－125.

65. 张兆国、何威风、闫炳乾，2008，资本结构与代理成本——来自中国国有控股上市公司和民营上市公司的经验证据，南开管理评论，1，39－47.

66. 张志元、马永凡、胡兴存，2021，股价特质信息与全要素生产率：信息有效还是无效？金融发展研究，11，3－12.

67. 赵静梅、傅立立、申宇，2015，风险投资与企业生产效率：助力还是阻力，金融研究，11，159－174.

68. 赵宜一、吕长江，2017，家族成员在董事会中的角色研究——基于家族非执行董事的视角，管理世界，9，155－65.

69. 钟覃琳、陆正飞，2018，资本市场开放能提高股价信息含量吗？——基于"沪港通"效应的实证检验，管理世界，1，169－179.

70. 周黎安，2007，中国地方官员的晋升锦标赛模式研究，经济研究，7，36－50.

71. 周林洁，2014，公司治理、机构持股与股价同步性，金融研究，8，146－161.

72. Acharya, V. V., Gottschalg, O. F., Hahn, M., and Kehoe, C., 2013, "Corporate governance and value creation：Evidence from private equity", Review of Financial Studies, 26（2）：368－402.

73. Admati, A. R. , Pfleiderer, P. , 2009, "The 'Wall Street Walk' and Shareholder Activism: Exit as a Form of Voice", Review of Financial Studies, 22 (7): 2645 – 2685.

74. Ahlstrom, D. , and Bruton, G. D. , 2006, "Venture capital in emerging economies", Available at SSRN 165173.

75. Amornsiripanitch, N. , Gompers, P. A. , and Xuan, Y. , 2019, "More than money: venture capitalists on boards", The Journal of Law, Economics, and Organization, 35 (3), 513 – 543.

76. An, H. , and Zhang, T. , 2013, "Stock price synchronicity, crash risk, and institutional investors", Journal of Corporate Finance, 21, 1 – 15.

77. Ang, J. S. , Cole, R. A. , and Lin, J. , 2000, "Agency costs and ownership structure", The Journal of Finance, 55 (1), 81 – 106.

78. Baker, M. , and Gompers, P. A. , 1999, "Executive ownership and control in newly public firms: The role of venture capitalists", Available at SSRN 165173.

79. Barney, J. B. , Busenitz, L. W. , Fiet, J. O. , and Moesel, D. D. , 1996, "New venture teams' assessment of learning assistance from venture capital firms", Journal of Business Venturing, 11 (4), 257 – 272.

80. Barry, C. B. , Muscarella, C. J. , Peavy Iii, J. W. , and Vetsuypens, M. R. , 1990, "The role of venture capital in the creation of public companies: Evidence from the going-public process", Journal of Financial economics, 27 (2), 447 – 471.

81. Baum, J. A. C. , and Silverman, B. S. , 2004, "Picking winners or building them? Alliance, intellectual, and human capital as selection criteria in venture financing and performance of biotechnology startups", Journal of Business Venturing, 19 (3), 411 – 436.

82. Bharath, S. T. , Jayaraman, S. , and Nagar, V. , 2013, "Exit as governance: An empirical analysis", The Journal of Finance, 68 (6): 2515 – 2547.

83. Bonini, S. , Alkan, S. , and Salvi, A. , 2012, "The effects of venture capitalists on the governance of firms", Corporate Governance: An International Review, 20 (1), 21 – 45.

84. Bottazzi, L. , Da Rin, M. , and Hellmann, T. , 2008, "Who are the ac-

tive investors? Evidence from venture capital", Journal of Financial Economics, 89 (3), 488 – 512.

85. Brav, A., Gompers, P. A., 1997, "Myth or reality? The long-run under-performance of initial public offerings: Evidence from venture and nonventure capital-backed companies", Journal of Finance, 52 (5): 1791 – 821.

86. Bushee, B. J., and Noe, C. F., 1999, "Disclosure quality, institutional investors, and stock return volatility", Available at SSRN 146434.

87. Bushman, R. M., Piotroski, J. D., and Smith, A. J., 2004, "What determines corporate transparency", Journal of Accounting Research, 42 (2), 207 – 252.

88. Buzzacchi, L., Scellato, G., and Ughetto, E., 2015, "Investment stage drifts and venture capital managerial incentives", Journal of Corporate Finance, 33, 118 – 128.

89. Celikyurt, U., Sevilir, M., and Shivdasani, A., 2014, "Venture capital-ists on boards of mature public firms", Review of Financial Studies, 27 (1), 56 – 101.

90. Chahine, S., Filatotchev, I., and Wright, M., 2007, "Venture Capital-ists, Business Angels, and Performance of Entrepreneurial IPOs in the UK and France", Journal of Business Finance & Accounting, 34 (3 – 4), 505 – 528.

91. Chan, K., and Hameed. A., 2006, "Stock price synchronicity and analyst coverage in emerging markets", Journal of Financial Economics, 80 (1), 115 – 147.

92. Chemmanur, T. J., Gupta, M., Simonyan, K., and Tehranian, H., 2021, "The relationship between venture capital backing and the top management team quality of firms going public and implications for initial public offerings", Journal of Business Venturing, 36 (6), 106 – 148.

93. Chemmanur, T. J., Krishnan, K. and Nandy, D. K., 2011, "How does venture capital financing improve efficiency in private firms? A look beneath the sur-face", Review of Financial Studies, 24 (12), 4037 – 4090.

94. Cheng, C., Chu, Y., Deng, Z., and Huang, B., 2022, "Venture capital and corporate social responsibility", Journal of Corporate Finance, 75, 102 – 208.

95. Cho J., and Lee J., 2013, "The venture capital certification role in R&D:

Evidence from IPO underpricing in Korea", Pacific-Basin Finance Journal, 23, 83 – 108.

96. Claessens S. , Djankov S. , Fan J P H. , and L A P, Lang, 2002, "Disentangling the incentive and entrenchment effects of large shareholdings", The Journal of Finance, 57 (6): 2741 – 2771.

97. Cotter, J. F. , and Peck, S. W. , 2001, "The structure of debt and active equity investors: The case of the buyout specialist", Journal of Financial Economics, 59 (1), 101 – 147.

98. Cumming, D. , Schmidt, D. , and Walz, U. , 2010, "Legality and venture capital governance around the world", Journal of Business Venturing, 25 (1), 54 – 72.

99. Da Rin, M. , Hellmann, T. , and Puri, M. , 2013, "A survey of venture capital research", In Handbook of the Economics of Finance, 2, 573 – 648.

100. Defond, M. L. , and Hung, M. , 2004 "Investor protection and corporate governance: Evidence from worldwide CEO turnover", Journal of Accounting Research, 42 (2), 269 – 312.

101. Denes, M. R. , Karpoff, J. M. , & McWilliams, V. B, 2017, "Thirty years of shareholder activism: A survey of empirical research", Journal of Corporate Finance, 44, 405 – 424.

102. Durnev, A. , Morck, R. , and Yeung, B. , 2004, "Value-enhancing capital budgeting and firm-specific stock return variation", Journal of Finance, 59 (1), 65 – 105.

103. Démurger, S. , Sachs, J. D. , and Woo, W. T. , 2022, Geography, Economic Policy and Regional Development in China, Asian Economic Papers, 1 (1): 146 – 197.

104. Fama, E. F. , 1970, "Efficient capital markets: A review of theory and empirical work", Journal of Finance, 25 (2), 383 – 417.

105. Fama, E. F. , and Jensen, M. C. , 1983, "Separation of ownership and control", 26 (2), 301 – 325.

106. Fan, J. P. H. , Wong, T. J. , and Zhang, T. , 2013, Institutions and Or-

ganizational Structure: The Case of State-Owned Corporate Pyramids, Journal of Law Economics & Organization, 29 (6): 1217 – 1252.

107. Gillan, S. L. , and Starks, L. T. , 2000, "Corporate governance proposals and shareholder activism: the role of institutional investors", Journal of Financial Economics, 57 (2), 275 – 305.

108. Gompers, P. A. , 1995, "Optimal investment, monitoring, and the staging of venture capital", The journal of finance, 50 (5), 1461 – 1489.

109. Gompers, P. A. , 1996, "Grandstanding in the venture capital industry", Journal of Financial Economics, 42 (1), 133 – 156.

110. Gompers, P. A. , and Metrick, A. , 2001, "Institutional investors and equity prices", The quarterly journal of Economics, 116 (1), 229 – 259.

111. Gompers, P. A. , Gornall, W. , Kaplan, S. N. , and Strebulaev, I. A. , 2020, "How do venture capitalists make decisions", Journal of Financial Economics, 135 (1), 169 – 190.

112. Gompers, P. A. , Kovner, A. , Lerner, J. , and Scharfstein, D. , 2010, "Performance persistence in entrepreneurship", Journal of Financial Economics, 96 (1), 18 – 32.

113. Gompers, P. , and Lerner, J. , 1998, "Venture capital distributions: Short-run and long-run reactions", The Journal of Finance, 53 (6), 2161 – 2183.

114. Gorman, M. , and Sahlman, W. A. , 1989, "What do venture capitalists do", Journal of Business Venturing, 4 (4), 231 – 248.

115. Gul, F. A. , Kim, J. B. , and Qiu, A. A. , 2010, "Ownership concentration, foreign shareholding, audit quality, and stock price synchronicity: Evidence from China", Journal of Financial Economics, 95 (3), 425 – 442.

116. Hasan, I. , Khurshed, A. , Mohamed, A. , and Wang, F. , 2018, "Do venture capital firms benefit from a presence on boards of directors of mature public companies", Journal of Corporate Finance, 49, 125 – 140.

117. Hellman, T. , and Puri, M. , 2000, "The interaction between product market and financing strategy: the role of venture capital", Review of Financial Studies, 13 (4), 959 – 984.

118. Hellmann, T., and Puri, M., 2002, "Venture capital and the professionalization of start-up firms: Empirical evidence", Journal of Finance, 57 (1), 169 – 197.

119. Hochberg, Y., Ljungqvist, A., and Lu, Y., 2007, "Who you know matters: Venture capital networks and investment performance", Journal of Finance, 62 (1), 251 – 301.

120. Hochberg, Y. V., 2012, "Venture capital and corporate governance in the newly public firm", Review of Finance, 16 (2), 429 – 480.

121. Holmstrom, B., 1979, "Moral Hazard and Observability", The Bell Journal of Economics, 10, 74 – 91.

122. Hutton, A. P., Marcus, A. J., and Tehranian, H., 2009, "Opaque financial report, R^2, and crash risk", Journal of Financial Economics, 94 (1), 67 – 86.

123. Jensen, M. C., and Meckling, W. H., 1976, "Theory of the firm: Managerial behavior, agency costs and ownership structure", Journal of financial economics, 3 (4), 305 – 360.

124. Jiang, G., Lee, L., and Yue. H., 2009, "Tunneling through Intercorporate Loads: The China Experience", Journal of Financial Economics, 98 (1): 1 – 20.

125. Jin, L., and Myers, S. C., 2006, "R^2 around the world: New theory and new tests", Journal of Financial Economics, 79 (2), 257 – 292.

126. Jung, B., Lee, W. J., and Weber, D. P., 2014, "Financial Reporting Quality and Labor Investment Efficiency", Contemporary Accounting Research, 31 (4), 1047 – 1076.

127. Kaplan S. N., and Schoar, A., 2005, "Private equity performance: returns, persistence, and capital flows", Journal of Finance, 60 (4), 1791 – 1823.

128. Kaplan, S. N., and Stromberg, P., 2000, "How do venture capitalists choose and manage their investments?", Working Paper, University of Chicago, 121, 55 – 93.

129. Kim, J. B., Li, Y., and Zhang, L., 2011, "Corporate tax avoidance and stock price crash risk: Firm-level analysis", Journal of financial Economics, 100

(3), 639 – 662.

130. Kortum, S., and Lerner, J., 2000, "Assessing the contribution of venture capital to innovation", Rand Journal of Economics, 31 (4), 674 – 692.

131. Kothari S. P., Shu S., and Wysocki P. D., 2008, "Do Managers Withhold Bad News?", Journal of Accounting Research, 47 (1), 241 – 276.

132. Krishnan, C. N. V., Ivanov, V. I., and Masulis, R. W., 2011, "Venture Capital Reputation, Post-IPO Performance, and Corporate Governance", Journal of Financial and Quantitative Analysis, 46 (5), 1295 – 1333.

133. La Porta, R., Lopez-de-Silanes, F., Shleifer, A., and Vishny, R., 2000, "Investor protection and corporate governance", Journal of financial economics, 58 (1): 3 – 27.

134. Large, D., and Muegge, S., 2008, "Venture capitalists' non-financial value-added: an evaluation of the evidence and implications for research", Venture Capital, 10 (1), 21 – 53.

135. Lee, P., and Wahal, S., 2004, "Grandstanding, certification and underpricing of venture capital backed IPOs", Journal of Financial Economics, 73 (2), 375 – 407.

136. Leeds, R., and Sunderland, J., 2003, "Private Equity Investing in Emerging Markets", Journal of Applied Corporate Finance, 15, 110 – 120.

137. Lehmann, E., and Weigand, J., 2000, "Does the governed corporation perform better? Governance structures and corporate performance in Germany", European Finance Review, 4 (2): 157 – 195.

138. Lerner, J., 1995, "Venture capitalists and theoversight of private firms", Journal of Finance, 50 (1), 301 – 318.

139. Lerner, J., A. Leamon, and F. Hardymon. 2012, "Venture Capital, Private Equity, and Financing of Entrepreeurship", Hohn Wiley & Sons, Inc.

140. Leuz, C., and Nanda, D., Wysocki, P. D., 2003, "Earnings management and investor protection: an international comparison", Journal of financial economics, 69 (3): 505 – 527.

141. Lu, C., L. Kao, and A. Chen, 2012, "The Effects of R&D, Venture

Capital, and Technology on the Underpricing of IPOs in Taiwan", Review of Quantitative Finance & Accounting, 39: 423 – 445.

142. Masulis, R. W., and Nahata, R., 2011, "Venture Capital Conflicts of Interest: Evidence from Acquisitions of Venture Backed Firms", Journal of Financial & Quantitative Analysis, 46 (2), 395 – 430.

143. Megginson, W. L., and Weiss, K. A., 1991, "Venture capitalist certification in initial public offerings", Journal of Finance, 46 (3), 879 – 903.

144. Metrick, A., and Yasuda, A., 2011, "Venture capital and other private equity: a survey", European Financial Management, 17 (4), 619 – 654.

145. Modigliani, F., and Miller, M. H., 1958, "The cost of capital, corporation finance and the theory of Investment", American Economic Review, 48 (3), 261 – 297.

146. Morck, R., Yeung, B., and Yu, W., 2000, "The information content of stock markets: Why do emerging markets have synchronous stock price movements", Journal of Financial Economics, 58 (1 – 2), 215 – 260.

147. Morsfield, S. G., and Tan, C. E, 2006, "Do venture capitalists influence the decision to manage earnings in initial public offerings", The Accounting Review, 81 (5), 1119 – 1150.

148. Pakes, A., and Griliches, Z., 1980, "Patents and R&D at the firm level: A first report", Economics Letters, 5 (4), 377 – 381.

149. Piotroski, J. D., and Roulstone, D. T., 2004, "The influence of analysts, institutional investors, and insiders on the incorporation of market, industry, and firm-specific information into stock prices", Accounting Review, 79 (4), 1119 – 1151.

150. Porter, M. E., 1992, "Capital disadvantage: America's failing capital investment system", Harvard Business Review, 70 (5), 65 – 82.

151. Puri, M., and Zarutskie, R., 2012, "On the life cycle dynamics of venture-capital-and non-venture-capital-financed firms", The Journal of Finance, 67 (6), 2247 – 2293.

152. Richardson, S., 2006, "Over-investment of free cash flow", Review of Accounting Studies, 11 (2 – 3), 159 – 189.

153. Roll, R., 1988, "R^2", Journal of Finance, 43, 541 – 566.

154. Sahlman, W. A., 1990, "The structure and governance of venture – capital organizations", Journal of financial economics, 27 (2), 473 – 521.

155. Savaneviciene, A., Venckuviene, V., Girdauskiene, L., 2015, "Venture Capital A Catalyst for Start-Ups To Overcome The 'Valley Of Death': Lithuanian Case", Procedia Economics And Finance, 26, 1052 – 1059.

156. Shleifer, A., and Vishny, R. W., 1997, "A Survey of Corporate Governance", The Journal of Finance, 52 (2), 737 – 783.

157. Shleifer, A., and Vishny, R. W., 1986, "Large Shareholders and Corporate Control", Journal of Political Economy, 94, 461 – 488.

158. Smith, M. P., 1996, "Shareholder Activism by Institutional Investors: Evidence from CalPERS", Journal of Finance, 51 (1): 227 – 252.

159. Sorensen, M., 2007, "How smart is smart money? A two-sided matching model of venture capital", Journal of Finance, 62 (6), 2725 – 2762.

160. Stuart, T. E., Hoang, H., and Hybels, R. C., 1999, "Interorganizational endorsements and the performance of entrepreneurial ventures", Administrative science quarterly, 44 (2): 315 – 349.

161. Tan, Y., Huang, H., and Lu, H. T., 2013, "The effect of venture capital investment—Evidence from China's small and medium-sized enterprise board", Journal of Small Business Management, 51 (1), 138 – 157.

162. Van DenBerghe, L. A. A., and Levrau, A., 2002, "The Role of the Venture Capitalist as Monitor of the Company: a Corporate Governance Perspective", Corporate Governance: an international review, 10 (3), 124 – 135.

163. Volpin, P. F., 2002, "Governance with poor investor protection: Evidence from top executive turnover in Italy", Journal of Financial Economics, 64 (1): 61 – 90.

164. Wright, M., Amess, K., Weir, C., and Girma, S., 2009, "Private equity and corporate governance: Retrospect and prospect", Corporate Governance: An International Review, 17 (3), 353 – 375.

165. Wurgler, J., 2000, "Financial markets and the allocation of capital", Journal of Financial Economics, 58 (1), 187 – 214.

166. Yasuhiro, A. , and I. Gael, 2010, "Venture capital affiliation with under-writers and the underpricing of initial public offerings in Japan", Journal of Economics & Business, 62, 502 –516.

167. Young, A. , 2003, "Gold into base metals: Productivity growth in the People's Republic of China during the reform period," Journal of Political Economy, 111 (6), 1220 –1261.

168. Young, M. N. , Peng, M. W. , and Ahlstrom, D. , 2008, "Corporate Governance in Emerging Economies: A Review of the Principal-Principal Perspective", Journal of Management Studies, 45 (1): 196 –220.

169. Yu, J. , 2011, "Stock price informativeness and corporate governance: An international study", International Review of Finance, 11 (4), 477 –514.